CURIOSIDADES DIVERTIDAS Y ASOMBROSAS PARA NIÑOS

Un fascinante libro de información para niños curiosos

por RONNY the FRENCHIE

Nota de exención de responsabilidad:

La información contenida en este documento tiene únicamente fines educativos y de entretenimiento. Se ha hecho todo lo posible por presentar una información exacta, actualizada, fidedigna y completa. No se declaran ni se implican garantías de ningún tipo. Los lectores reconocen que el autor no se dedica a prestar asesoramiento jurídico, financiero, médico o profesional. El contenido de este libro procede de diversas fuentes. Por favor, consulte a un profesional licenciado antes de intentar cualquier técnica descrita en este libro.

Al leer este documento, el lector acepta que, bajo ninguna circunstancia, el autor es responsable de cualquier pérdida, directa o indirecta, en la que se incurra como resultado del uso de la información contenida en este documento, incluyendo, pero no limitado a, errores, omisiones o inexactitudes.

¡Bonificación!

Queridos padres,

¡Estoy tan feliz de que su hijo me acompañe en mi viaje de investigación! Ya que eligieron este libro, ¡me gustaría compartir con ustedes mis queridas *Páginas para colorear sobre versículos bíblicos!* Simplemente escanea el código QR de abajo o escribe: riccagarden.com/ronny_freebies en tu navegador web. Indícame tu dirección de correo electrónico y te enviaré las páginas para colorear.

(*Debes tener 16 años o más para inscribirte)

Escanea aquí

Tuyo

RONNY

Ricca's Garden

✉ info@riccagarden.com
Publicado por Ricca's Garden
Primera publicación: Agosto 2022

Índice

¡Bienvenidos!

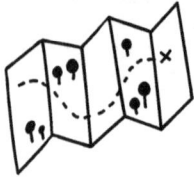

Hola, iaquí Ronny the Frenchie, tu bulldog favorito!

¿Estás listo para embarcarte en un viaje superdivertido de aprendizaje sobre las cosas más emocionantes e interesantes del mundo y del universo?

Hay mucho por descubrir cuando se tiene la nariz pegada al suelo; y yo lo sé: imi nariz siempre está olfateando cosas nuevas e interesantes (y puede que algún que otro hueso enterrado también)!

He dado la vuelta al mundo juntando todo tipo de datos divertidos e intrigantes para incluirlos en este increíble libro, porque sé lo mucho que les gusta a los niños aprender sobre el mundo en el que viven.

Pero, shh... Déjame que te cuente antes un secretito.

Yo solía ser un bulldog normal y corriente que dormía todo el día y babeaba mucho. Ya sabes a qué me refiero: esperaba mi comida, que alguien me rascara la parte de atrás de la oreja y mis paseos diarios por la bonita ciudad de París.

La vida era sencilla y tranquila hasta el día en que subí

a lo alto de la Torre Eiffel durante una tormenta y me cayó un rayo entre los ojos. Pero no te preocupes. No me hice daño, sino que algo maravilloso sucedió.

Mi cerebro creció de repente cinco centímetros y empezó a exigir más alimento, es decir, conocimiento. Aunque también me sigue gustando la comida normal.

Por eso, dejé de husmear en busca de huesos enterrados y empecé a olfatear datos para alimentar mi hambriento cerebro. Y así fue que encontré tantos datos interesantes, emocionantes, asombrosos, estupendos, aterradores e impresionantes (iuf, eso me dejó sin aliento!), que tuve que reunirlos todos en un superlibro para que los leyeras. Por cierto, a mí también me encanta la comida normal, isobre todo los plátanos!

"Ooh, ¿quieres oír un chiste sobre plátanos?".

¿Cómo se llama una banana que no acepta plata?

iPlata no!

Mi segunda actividad favorita, aparte de comer plátanos, por supuesto, es explorar. He vivido aventuras a lo largo del misterioso río Amazonas, donde una vez una piraña me mordió la cola. También he caminado hasta la cima del Everest, donde casi se me congeló la nariz. Estas son algunas de las emocionantes aventuras que nunca olvidaré.

No podrás creer lo fascinante que es nuestro mundo y nuestro universo. iHay tanto que aprender! Por ejemplo, ¿sabías que cada vez que dices una mentira tu nariz se calienta (no se alarga)? Este fenómeno se llama "Efecto Pinocho". ¿No es extraño?

Este hecho se descubrió gracias a un estudio realizado por el Departamento de Psicología Experimental de la Universidad de Granada. El descubrimiento se hizo a través de un " termógrafo", que es un aparato para medir la temperatura del cuerpo (Efecto Pinocho, 2012).

Así que la próxima vez que decidas contarle una mentirita a tu madre, ¡mejor asegúrate de que no te toque la nariz! La mía siempre está fría como señal de mi buena salud, y también como prueba de lo buen bulldog que soy.

Si este hecho te ha parecido fascinante, seguro que te encantará la información que he incluido en cada capítulo. Cubre todos tus temas favoritos, desde ciencias hasta deportes y mucho más.

No te preocupes, ¡este no es el típico libro aburrido! Sé lo mucho que te gusta aprender sobre temas divertidos y únicos. Por eso, he añadido un montón de información sorprendente para que no te duermas mientras lees mi libro. ¡Y no lo harás!

PROMESA DE BULLDOG!

Capítulo 1: Ciencia y Tecnología

Debo reconocer que la ciencia y la tecnología son temas fascinantes. Y, no, ¡eso no me convierte en un cerebrito!

Bueno, ¡nunca hubieras esperado que un bulldog estuviera de acuerdo en que todo está relacionado con las matemáticas! Pero como no soy un bulldog cualquiera, sé que eso es así. Y tú también lo sabrás. Echa un vistazo a estos datos sorprendentes sobre las matemáticas.

Datos sorprendentes y geniales sobre las matemáticas

Claro, ¿te parece sospechoso que use las palabras "genial" y "matemáticas" en la misma frase? Me gustaría contarte que las matemáticas pueden ser divertidas de verdad, y que amar esta asignatura te convierte en algo más que un cerebrito. Te hace superinteligente y listo para enfrentarte a cualquier reto.

Datos matemáticos divertidos y geniales

En el idioma inglés, la letra "A" se utiliza en un sólo número cuando se deletrean los números del cero al mil.

¿Puedes adivinar qué número es? Si sabes inglés, claro.

Respuesta: Thousand que significa mil. Ninguno de los números anteriores a mil se escribe con la letra "A".

Si ya lo sabías, ¡mueve la cola! Se me olvidaba que probablemente no tengas cola. En ese caso, ¡date una palmadita en la espalda!

Los números romanos no tienen cero. ¿Te has dado cuenta?

Los números romanos empiezan por el número uno (I) y no tienen cero. Veamos algunos datos curiosos sobre el concepto del número cero.

Los antiguos romanos sólo utilizaban los números para comerciar, para saber cuántos bienes tenían y por cuántos bienes los podrían intercambiar. Por lo tanto, no necesitaban que el cero formara parte de su numeración.

Los romanos también encontraban esto conveniente, ya que no tenían que mantener una columna libre en el libro de cuentas para un cero. En su lugar, utilizaban la palabra "nulla" para indicar "la nada" o "nulidad" (nulla quiere decir nulidad en latín). ¿No te encanta esta palabra? ¡Nulidad!

Números romanos						
I	II	IV	V	X	L	C
1	2	4	5	10	50	100

Además, como sabes, no tenían calculadoras y, para sus necesidades matemáticas, utilizaban un aparato llamado ábaco o marco de cuentas. El ábaco tampoco tenía una columna para el cero.

Los antiguos griegos sí entendían el número cero, como en el caso en que "no hay naranjas", pero no veían la necesidad de usar un símbolo para representarlo. El gran Aristóteles (que sólo puedo suponer que era un gran amante de los perros) decidió que realmente no había necesidad de cero, ya que no se podía dividir un número por cero y llegar a un resultado. Por ejemplo, no se puede sumar cero huesos a cero huesos y alimentar a un perro hambriento con ellos.

El primer cero apareció en un ábaco en la India y fue hace unos 1.500 años, cuando se usó un punto para simbolizar un cero. Ese punto creció y se expandió hasta convertirse en el 'o' que todos conocemos hoy en día.

Hacia el siglo VIII, el cero empezó a hacerse notar y captó el interés de un árabe conocido como al-Khwarizmi, un gran matemático y también un gran viajero. Decidió que había llegado el momento de introducir el "0" en Europa como parte de la numeración arábiga estándar, que es la que todos utilizamos hoy en día (ya sabes, 1, 2, 3, 4, etc.).

Al principio, el "0" no tuvo mucho éxito en Europa. Los italianos desconfiaban bastante y no les gustaba que un cero irrumpiera en su sistema de números tradicional. El pobre "0" fue tachado por "innecesario", y en el año 1299 salió una ley que prohibía el uso del número cero o de cualquiera de los recién llegados números arábigos

ITALIA

en cualquier documento o contrato en Italia (vaya, les encantaban sus números romanos). Hasta hoy, los números romanos no tienen cero.

Aunque los números arábigos son los más utilizados en todo el mundo, los números romanos se siguen usando para indicar los capítulos de los libros, llevar la cuenta de los Super Bowls de la Liga Nacional de Fútbol, marcar las horas en algunos relojes, en química y para anunciar los ganadores de los Juegos Olímpicos de invierno y verano. ¿Verdad que son datos interesantes?

Un gráfico circular que se llama Camembert

El Camembert es un delicioso queso francés de pasta blanda. Pero en Francia no es sólo un queso.

En mi país, Camembert también es un gráfico circular, que también se llama gráfico de tarta, según el país. Como a los franceses nos encanta nuestro queso, un gráfico circular nos recuerda a nuestros cremosos quesos redondos llamados Camembert. Así que, cuando estés en Francia, si te piden que dibujes un Camembert, asegúrate de saber a qué tipo de Camembert se refieren.

Un dato interesante sobre los gráficos circulares:

La mayoría de las sociedades del mundo parecen pensar en comida cuando hacen gráficos redondos. Por eso, un simple gráfico circular recibe muchos nombres deliciosos (¡ya me está entrando hambre!).

En China, el gráfico de tarta se suele llamar pan aplanado o gráfico de galleta redonda.

En Portugal y Brasil, incluso se llama gráfico de pizza.

Y el mejor nombre para un diagrama de tarta proviene de varios países (Alemania, Turquía, Italia, Suecia, Noruega) donde lo llaman un diagrama de pastel. Yo lo llamaría tarta de plátano.

Óbelo

¿Sabes lo que es un óbelo? Es el nombre del símbolo de la división (÷). Este símbolo (óbelo) se utilizó por primera vez en el año 1659 para representar la división en matemáticas. Fue incluido en un libro de álgebra llamado Teutsche Algebra y escrito por Johann Rahn, un matemático suizo. Johann es también la persona que introdujo este símbolo que significa 'por lo tanto'.

Los símbolos matemáticos no existían antes de los siglos XIV-XVI

Así es, no hubo símbolos para indicar sumas, restas, divisiones y demás signos matemáticos hasta los siglos XIV-XVI. En su lugar, la gente utilizaba palabras.

Por ejemplo, los maestros probablemente escribían "suma 12 a 21" o "100 dividido entre 10 es igual a 10". La gente tardaba más en escribir la pregunta que en encontrar la solución. Por lo tanto, al igual que Johann Rahn inventó la versión matemática del óbelo para significar ÷, otros matemáticos inventaron símbolos a lo largo del tiempo. ¿Cuántos matemáticos conoces que hayan inventado símbolos matemáticos?

Un Jiffy es una unidad de tiempo real

Una vez, conocí a un matemático muy inteligente cuando estaba en Egipto. Fue en el interior de una pirámide, donde yo estaba siguiendo el rastro de unos huesos que tenían un olor delicioso. Cuando le dije que quería ir a ver la Esfinge y que volvería en un Jiffy, se burló y me dijo que la Esfinge estaba demasiado lejos para volver en un Jiffy. Porque, verás, un Jiffy en realidad se refiere a una unidad de tiempo: 1/100 de segundo, para ser precisos. ¡Dios mío, y yo que pensaba que era un término que usábamos para decir rápido, como un santiamén o un periquete!

La animación por computadora utiliza el término jiffy para definir el tiempo de reproducción, que es de 1/100 de segundo. Por lo tanto, el tiempo se mide en jiffies. Los jiffies se usan como unidades de tiempo en electrónica y también en física.

Así que la próxima vez que tu madre te pida que vuelvas en un santiamén o en un jiffie, asegúrate de pedirle más tiempo... ¡a menos que tengas superpoderes!

El supersticioso número trece

Al escribir las palabras "once más dos" y "doce más uno" en el idioma inglés, ("eleven plus two" y "twelve plus one,"), ¡hay exactamente trece letras! ¡Vaya! No sólo los números (11 + 2 y 12 + 1) suman 13, ¡sino que también hay 13 letras para escribir las propias ecuaciones! En mi opinión, se trata de un dato bastante asombroso y de una trivia genial con la que podrás impresionar a tus amigos. El trece también es un número supersticioso, ya que tiene un significado que viene de la Biblia. Por ejemplo, había 13 personas en la última cena antes de que Jesús fuera traicionado y, a lo largo del tiempo, el 13 se ha asociado con la mala suerte. Algunos hoteles ni siquiera tienen una habitación con el número 13, y algunos edificios incluso omiten numerar un piso entero con el 13, pasando del 12 al 14.

Ahora me siento con ganas de un trozo de tarta de plátano, así que ivamos a hacer un descanso! Es la hora de la trivia.

Trivia de matemáticas

1. ¿Quién inventó el sistema de pintura por números?

2. ¿En qué año se inventó el símbolo de igual (=)?

3. ¿Quién tiene el récord del Libro Guinness de los Récords por ser la calculadora humana más rápida?

4. ¿Dónde se jugaron los primeros juegos de ingenio en la historia?

5. Existe sólo un número primo par, ¿cuál es?

6. ¿El número romano X es igual a qué número?

7. ¿Qué número no tiene un número romano correspondiente?

8. ¿Cuál es el número de la suerte para la mayoría de la gente?

9. ¿Cuántas barras de pan recibirías si le pidieras una docena al panadero?

¡Las respuestas están en la página siguiente!

Respuestas

1. ¿Quién inventó el sistema de pintura por números?

Leonardo da Vinci. Utilizaba el sistema de pintura por números para enseñar a sus alumnos las ideas básicas para elegir los colores adecuados para los distintos tipos de pintura. Repartía patrones con números que indicaban qué color usar y dónde.

2. ¿En qué año se inventó el símbolo de igual (=)?

En 1557, por Robert Recorde.

3. ¿Quién tiene el récord del libro Guinness de los Récords por ser la calculadora humana más rápida?

Scott Flansburg, de Phoenix (Arizona), ganó el récord de calculadora humana más rápida el 27 de abril de 2000. Desde entonces, ha habido muchos que afirman ser la calculadora humana más rápida, pero la hazaña de Scott es la única registrada hasta ahora.

4. ¿Dónde se jugaron los primeros juegos de ingenio en la historia?

En África, donde jugaban al mancala.

¿Sabías que el mancala es uno de los juegos más antiguos

del mundo y, posiblemente, uno de los juegos de ingenio más antiguos también? Los orígenes del mancala se remontan a un yacimiento arqueológico llamado Matara, en Eritrea, así como a Yeha, en Etiopía, donde el juego comenzó a existir alrededor del año 700 d.C.

5. Existe sólo un número primo par, ¿cuál es?

Dos

6. ¿El número romano X es igual a qué número?

Diez

7. ¿Qué número no tiene un número romano correspondiente?

¡El cero, por supuesto!

8. ¿Cuál es el número de la suerte para la mayoría de la gente?

El afortunado número siete (Bonus: porque el siete suele significar la perfección).

9. ¿Cuántas barras de pan recibirías si le pidieras una docena al panadero?

Trece. En la época medieval, los panaderos que vendían pan con poco peso eran muy castigados. Por eso, para evitar castigos como golpes fuertes con un látigo, los panaderos siempre agregaban una barra extra a su docena.

MATEMÁTICOS FAMOSOS QUE AYUDARON A CAMBIAR NUESTRO MUNDO

Número uno, ¡Ronny the Frenchie! Jaja no, es sólo una broma, aunque con mi supercerebro podría ser uno de ellos.

¿Qué es un matemático?

Cualquier persona que utilice las matemáticas en su trabajo diario para resolver problemas.

Incluso tú y yo somos matemáticos en algunos momentos, cuando usamos las matemáticas para resolver problemas o averiguar ciertas cosas. Así es, ¡todos somos unos matemáticos geniales!

Las matemáticas son una de las asignaturas más maravillosas que existen y sin ellas tendríamos bastantes problemas. Piénsalo: sin las matemáticas ni siquiera tendrías un hogar, porque tus padres no tendrían forma de saber cuánto dinero tienen y comprar una casa, un coche, alimentos... ¡o incluso comida para el perro!

Tú también podrías convertirte en un genio de las matemáticas como estos famosos matemáticos que nos ayudaron a resolver cientos de problemas, teorías y fórmulas. ¿Sabías que, sin la ayuda de algunos de los mejores matemáticos, algunos de los cuales nombraré a continuación, no existirían los científicos? Ni Tony Stark haciendo todos esos cálculos increíbles en su pantalla virtual para inventar el último traje de Iron Man.

Así es, las matemáticas han desempeñado un papel ENORME en el progreso de nuestro mundo, y se lo debemos todo a las siguientes personas que hicieron cosas increíbles con las matemáticas.

Charles Babbage

A Charles Babbage se lo considera el "padre de los ordenadores" porque fue quien presentó los planos del primer aparato de cálculo mecánico del mundo. Matemático y hábil inventor inglés (donde tienen unas deliciosas tortas y pasteles que me encanta comer), Charles Babbage no pudo completar su trabajo por falta de dinero. Pero sus teorías y propuestas sin duda despertaron un nuevo interés en el mundo de la informática que hoy todos agradecemos.

La Condesa Ada Lovelace

Esta sí que es una gran dama a la que me encantaría conocer. Ada Lovelace era hija del famoso poeta inglés Lord Byron. Fue una de las mujeres más inteligentes de Inglaterra y trabajó con Charles Babbage. La condesa Ada, que se definía a sí misma como analista, ayudó a Babbage a construir sus motores analíticos y fue la primera programadora informática del mundo (¡qué maravilla!).

Babbage respetaba tanto la inteligencia de Ada que la llamó "La encantadora de números". Por desgracia, la encantadora condesa murió a los 36 años, pero sus importantes notas sobre programación nos ayudaron a crear el primer programa informático.

Sir Isaac Newton

$$ax^2 + by^2 + c = 0$$

Bueno, sé que aún es muy pronto, pero en algún momento te preguntarás quién inventó el cálculo. Bueno, fue este señor, Sir Isaac Newton.

Pero, ¿sabías que Sir Newton inventó algo más que el cálculo?

Introdujo al mundo la física elemental e hizo que la gente observara más de cerca el universo. Además, desarrolló teorías sobre el movimiento y la gravedad.

La teoría de la fuerza de gravedad. Todos conocemos la historia de la manzana que cae de los árboles y de Sir Isaac descubriendo la gravedad. Bueno, nadie está seguro de si la historia es cierta. Pero Sir Isaac ciertamente descubrió la teoría de la gravedad y llegó a explicar la fuerza universal que hace que las partículas en reposo se muevan entre el punto A y el punto B.

El método científico puede ayudar a convertir las teorías en hechos. Newton utilizó observaciones, cálculos y los resultados de algunos fenómenos para demostrar con pruebas que una teoría es cierta.

Blaise Pascal

Este inteligente francés de mi querida Francia fue un gran inventor y matemático que inventó la primera calculadora mecánica. Pascal fue también un físico muy conocido en el siglo XVII porque finalizó la teoría de la Presión y el Vacío, e inventó la ruleta y la jeringa (no estoy seguro de que me guste demasiado este invento porque no me gusta que me pongan las vacunas en el veterinario).

Theodore von Kármán

Theodore von Kármán nació en Budapest, pero dejó su patria para venir a Estados Unidos y trabajar para CalTech. Ayudó a lanzar Aerojet, que fue una de las empresas estadounidenses más importantes de propulsión de cohetes y misiles.

Kármán también fue responsable de la teoría de los vuelos supersónicos y hasta creó el primer diseño del helicóptero. También ayudó a fundar el grupo de investigación aeronáutica de la OTAN.

DATOS ASOMBROSOS SOBRE EL ESPACIO

El espacio sigue siendo un gran misterio para nuestros brillantes científicos, y todavía nos queda mucho por aprender sobre el sistema solar, las galaxias lejanas, los planetas y las estrellas. Sin embargo, hay muchos datos interesantes y asombrosos sobre el espacio que sí conocemos. Así que he visitado la NASA para aprender más cosas interesantes sobre el espacio.

¿Sabías que...? Datos sobre el espacio

El Sol es un millón de veces más grande que la Tierra.

Esto significa que podríamos hacer caber un millón de nuestras Tierras dentro del enorme Sol. Sin embargo, no podríamos acercarnos lo suficiente para probarlo porque el Sol está muy, muy caliente. Según la NASA, su centro alcanza los 27 millones de °F (15 millones de °C) y la superficie puede ser un poco menos calurosa, alrededor de 10.000 °F (5500 °C).

En Marte, veríamos la puesta de sol azul

La NASA nos dice que una puesta de sol marciana se vería azul. El motivo es el fino polvo que se encuentra en la atmósfera, que ayuda a que la luz azul se meta en

la atmósfera más fácilmente que otros colores.

De hecho, la NASA ha publicado una imagen de una puesta de sol en el Planeta Rojo (Marte), que es más bien de un azul apagado debido a la menor cantidad de partículas de polvo en la atmósfera el día en que se tomó la foto. Busca en Internet imágenes de la NASA de la puesta de sol en Marte para ver este bonito fenómeno.

Un día en Venus equivale a casi un año en la Tierra

Si esperaras un día para celebrar tu cumpleaños en Venus, te perderías casi un año entero de tu vida. Incluso más para mí, porque un año canino equivale a quince años humanos.

Un día normal compuesto de día y noche se llama "día solar".

En nuestro hermoso planeta Tierra, un día solar tiene 24 horas, o sea, un día.

En Venus, un día solar tiene 5.832 horas, lo que equivale a unos 243 días terrestres, o casi ocho meses en la Tierra.

No visitaré Venus pronto, ¡porque no quiero volver como Ronny el Abuelito francés!

Datos geniales sobre los anillos de Saturno

¿Son los anillos de Saturno cuchillas de afeitar giratorias colocadas allí para cortar en pedazos las naves espaciales enemigas que se acercan? No, no lo son, pero me gusta pensar que es así.

En realidad, los anillos de Saturno están formados por diferentes partículas. La NASA lo sabe porque ha enviado un total de cuatro naves espaciales robóticas para comprobar de qué se tratan los anillos de Saturno. Estas naves son:

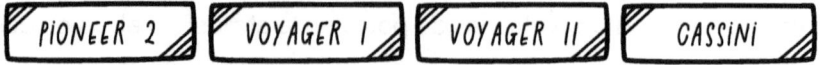

| PIONEER 2 | VOYAGER I | VOYAGER II | CASSINI |

Estos son algunos datos que nos han revelado sobre los anillos de Saturno.

Hay entre 500 y 1000 anillos alrededor de Saturno.

Los anillos tienen 240.000 millas de ancho (386.000 kilómetros), que es casi la distancia de nuestro planeta Tierra a la Luna, 238.855 millas (383.000 kilómetros). Sin embargo, los anillos no son muy gruesos, porque sólo tienen 100 millas (161.000 kilómetros) de espesor.

Cada uno de los anillos de Saturno está formado por partículas. Algunas son enormes, del tamaño de un autobús escolar, mientras que otras son más pequeñas que una hormiga y no se pueden ver a simple vista.

Como en las películas, hay huecos entre los anillos.

La nave espacial Cassini fue la que más tiempo pasó explorando los anillos de Saturno. Se lanzó en 1997 y, luego de un viaje de siete años, llegó allí en 2004. Pasó un total de 13 años ayudando a los científicos de la NASA a aprender más sobre los anillos de Saturno, sus lunas y su atmósfera.

Los científicos enviaron una sonda espacial dentro de la nave Cassini que se llamaba Huygens. La sonda fue enviada a la atmósfera de la luna más grande de Saturno, a la que los científicos llamaron Titán. Las imágenes que Huygens envió fueron asombrosas y ayudaron a los científicos de la NASA a aprender más sobre Saturno.

El 15 de septiembre de 2017, Cassini llevó a cabo su última misión y se sumergió en la atmósfera superior de Saturno. Fue una maniobra planeada para ayudar a la NASA a aprender más sobre la superficie del planeta, que nunca habían visto. La nave envió continuamente datos a la Tierra mientras descendía en picada hacia la superficie de Saturno. A mitad de su descenso, se desintegró y pasó a formar parte del planeta que había estado explorando durante los últimos 20 años. (Lo siento, necesito un minuto para secarme las lágrimas. Adiós, Cassini, ¡gracias por los recuerdos!).

La basura espacial la creamos nosotros

También llamada chatarra espacial, la basura espacial está formada por restos de satélites, piezas rotas de lanzamientos de cohetes, trozos de pintura que se desprenden de los cohetes e incluso alguna que otra llave inglesa de cuando los astronautas intentaban reparar estaciones espaciales o satélites.

Desde la década de 1950, hemos estado lanzando satélites y cohetes al espacio, y la chatarra restante de máquinas y piezas muertas está empezando a ser una amenaza. Los científicos creen que la probabilidad de que las naves espaciales lanzadas recientemente se estrellen contra la basura espacial está aumentando mucho.

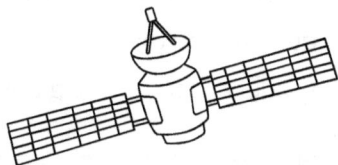

Al 1 de junio de 2021, había más de 6.542 satélites orbitando la Tierra. De ellos, 3.372 eran satélites activos, mientras que 3.172 eran satélites muertos (Cuántos satélites, 2022).

Si voláramos con un cohete al espacio, ¡tendríamos que tener cuidado con esos 3.172 satélites muertos, ¡así como con otros desechos espaciales que podrían precipitarse hacia nosotros en cualquier momento!

El primer satélite del mundo

El primer satélite del mundo en ser lanzado fue el Sputnik.

La Unión Soviética lanzó el Sputnik a las 19:28:34 UTC del 4 de octubre de 1957. Fue un gran logro para la humanidad y la exploración espacial.

El Sputnik fue construido como una esfera de metal brillante, y su tamaño se asemejaba al de una pelota de baloncesto con un peso total de 183,9 libras (83,6 kg).

El Sputnik fue lanzado al espacio en un enorme cohete espacial.

Orbitó alrededor de la Tierra durante tres semanas, recorriendo una distancia total de 43,5 millones de millas (70 millones de kilómetros). Sputnik duró tres meses antes de que sus baterías se agotaran y finalmente cayera fuera de órbita y se estrellara contra la atmósfera terrestre.

En el interior del Sputnik había un diminuto radiotransmisor que enviaba un pitido a la Tierra, y la gente de todo el mundo podía escuchar ese sonido a través de la radio.

Sputnik quería decir "compañero de viaje", aunque en Rusia, en la actualidad, 'Sputnik' es el término coloquial para 'satélite'.

El nacimiento de la NASA

Tras el lanzamiento del Sputnik, Estados Unidos decidió que era hora de entrar en el juego espacial. Exactamente un año después del lanzamiento del primer satélite del mundo por la URSS (la Unión Soviética), el presidente estadounidense, Dwight Eisenhower, creó la Administración Nacional de Aeronáutica y del Espacio (NASA). Este fue el lanzamiento formal de lo que se llamó la "carrera espacial" entre Estados Unidos y Rusia.

Con el lanzamiento de la NASA y la carrera espacial, tanto Estados Unidos como Rusia avanzaron a pasos agigantados en la exploración del espacio, lo que llevó al primer alunizaje estadounidense en 1969.

El primer alunizaje

El 20 de julio de 1969, la primera nave espacial con astronautas orbitó la Luna. El Apolo 11 despegó hacia el espacio llevando a bordo a los astronautas Neil Armstrong, Buzz Aldrin y Michael Collins.

Neil Armstrong y Buzz Aldrin subieron al módulo lunar, llamado Eagle, y descendieron a la Luna. Michael Collins permaneció dentro del Columbus, el módulo de mando principal, que es la parte desprendida del Apolo 11.

El Eagle alunizó en la parte de la Luna llamada Mar de la Tranquilidad. Fue entonces cuando Armstrong dijo las famosas palabras: "¡El Águila ha aterrizado!".

Neil Armstrong es el primer hombre en pisar la Luna, seguido de Buzz Aldrin. La NASA escuchó lo siguiente de Armstrong: "Es un pequeño paso para un hombre, un gran salto para la humanidad" (20 de julio de 1969, 2019).

Si dejas una huella en la luna, permanecerá allí durante un millón de años

Según la NASA, las huellas en la Luna duran casi para siempre porque la Luna no tiene atmósfera. No hay viento ni corrientes de agua que borren las huellas, por eso nada las borra.

Un perro fue el primer ser vivo enviado al espacio

Así es, ¡los perros también podemos hacer historia! Laika, una perra rusa, fue el primer ser vivo enviado al espacio el 3 de noviembre de 1957. Laika, una perra callejera, fue seleccionada y entrenada para su viaje espacial. Fue una perra muy valiente, a pesar de mostrar signos de ansiedad y miedo. Laika despegó al espacio en el Sputnik 2. Lamentablemente, el cohete se estrelló en la Tierra, pero el recuerdo de Laika seguirá para siempre como el primer ser vivo enviado al espacio.

DATOS TECNOLÓGICOS INTERESANTES

La tecnología ofrece muchos temas apasionantes y cada uno es alucinante a su manera. Prepárate para asombrarte con la cantidad de información que pude recopilar en mis aventuras. Nuestro mundo evoluciona y cambia constantemente con muchos genios que inventan nuevas tecnologías para hacernos la vida más fácil e interesante. Aunque, debo confesar, no hay nada mejor que una buena caminata mañanera por el parque y jugar al frisbee con mi amigo humano.

Echa un vistazo a estas curiosidades tecnológicas y descubre cuál te interesa más. ¡Quizá tú también te conviertas en un gran inventor! Estoy buscando un mecánico extraordinario que me ayude a mantener mi máquina del tiempo, que utilizo para aprender más sobre el pasado. Pero de eso hablaremos más adelante. Ahora mejor veamos algunos datos tecnológicos totalmente increíbles.

Fibra óptica: la columna vertebral de toda infraestructura de comunicación moderna

Es la tecnología más utilizada y rápida para enviar información a través de Internet. La fibra óptica reemplaza a los cables de cobre porque es más rápida, ofrece imágenes más claras y nítidas y, en general, es de mayor calidad.

Las fibras ópticas son tan finas como un mechón de pelo y están

hechas de una mezcla de plástico, vidrio de sílice o ambos. Un manojo de fibras se retuerce para formar un cable, como cuando agarras un mechón de tu pelo y lo retuerces.

Los finos pelos de fibra envueltos en una cubierta exterior son el núcleo de un cable de fibra óptica y envían datos en forma de luz.

Ya sabes lo rápido que viaja la luz, ¿verdad?

Pues bien, la fibra óptica utiliza la luz para enviar información súper rápida de un lugar a otro. Los datos son transformados en luz por un transmisor y viajan por el cable tan rápido que pueden alcanzar largas distancias en nanosegundos. La fibra óptica se utiliza en teléfonos y cables de ordenador.

Los médicos las utilizan cuando quieren ver lo que ocurre dentro del cuerpo. Un dispositivo llamado "endoscopio", formado por un montón de fibras ópticas, ayuda a los médicos a ver el interior del cuerpo porque algunas de esas fibras reflejan la luz e iluminan el interior del cuerpo. Otras pueden transmitir imágenes para que las vea el médico.

Gracias a una endoscopia, los médicos descubrieron dónde estaba la llave que me tragué accidentalmente un día. Lo cierto es que la expulsé a los dos días al hacer caca... ¡qué asco, lo sé!

El primer teléfono óptico lo inventó Alexander Graham Bell en la década de 1880. Pero, recién en los años 70, se utilizó por primera vez la fibra óptica para transferir datos por teléfono.

Más datos interesantes sobre la fibra óptica y la luz

La idea de utilizar la luz para transmitir datos fue pensada por dos inventores franceses en la década de 1840. Se llamaban Jacques Babinet y Daniel Colladon. Ellos demostraron cómo se podía guiar la luz para que recorriera largas distancias mediante la refracción. ¡Vaya! ¡Los franceses somos muy listos!

¿Sabes lo que significa refracción?

Cuando se impide (desvía) que los rayos de luz pasen por una única trayectoria vertical u horizontal y se desvían en otras direcciones para alcanzar puntos lejanos, se habla de refracción de la luz.

Una vez establecida la idea de refracción de la luz para recorrer largas distancias, los científicos encontraron nuevas formas de manipular y usar la luz para la transferencia de datos.

En 1850, John Tyndall, un inventor irlandés muy inteligente, hizo un experimento para demostrar cómo la luz podía viajar a través de fuentes de agua.

Sus demostraciones fueron tan inspiradoras que otro inventor y científico muy inteligente de la cercana Escocia, John Logie Baird, desarrolló el primer televisor del mundo.

Logie Baird hizo una demostración y transmitió imágenes que, para asombro de todos, ¡se movían!

Esta primera demostración de un televisor en funcionamiento se hizo

en el Instituto de Londres en 1925. ¡Cuánto ha avanzado la televisión desde sus humildes comienzos! Ahora ya sabes cuánto han tardado los técnicos en perfeccionar el televisor y ofrecernos Smart TV. ¡Quién sabe qué será lo próximo!

John Tyndall y su experimento con la luz y las fuentes de agua inspiraron a otro científico muy inteligente, Narinder Singh Kapany, quien en 1952 inventó en Inglaterra el primer cable de fibra óptica.

En los años 90, con la creciente popularidad de Internet, los cables de fibra óptica avanzaron y se extendieron por todo el mundo, conectándonos a todos a través de sus transmisiones por refracción de la luz. ¿No es increíble?

Gracias a un simple concepto ideado en la década de 1840, ahora puedo pedir mi tarta de plátano favorita por Internet con sólo pulsar un botón. Ups, suena el timbre, ¡es hora de recoger mi té de la tarde!

Datos rápidos sobre teléfonos móviles

Todos sabemos lo que es un teléfono móvil, también llamado teléfono celular, teléfono de mano y, ahora más popularmente, smartphone. Tus padres lo tienen, tus hermanos y hermanas también, y puede que incluso tú tengas uno.

Yo tengo mi propio teléfono para mascotas.

Tengo la última versión porque un bulldog curioso como yo necesita estar conectado. Y eso es precisamente lo que hace un teléfono móvil: mantenerte conectado y MUCHO más.

Teléfonos móviles: ¿Sabías que...?

Un teléfono portátil capaz de enviar y recibir llamadas y mensajes de texto, se llama teléfono celular, o teléfono móvil.

El primer teléfono portátil se denominó teléfono "celular" porque las zonas que recibían las señales de radio emitidas por los primeros teléfonos móviles estaban separadas en áreas que se llamaban células.

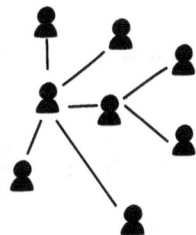

Un smartphone cumple la misma función que un teléfono móvil, pero tiene muchas más capacidades, ya que también es un miniordenador capaz de realizar diversas tareas - como jugar a Minecraft, ¡mi juego favorito!

El primer teléfono móvil del mundo

Martin Cooper inventó el primer teléfono móvil del mundo el 3 de abril de 1973. Hizo la primera llamada a Joel S. Engel, que era su némesis y trabajaba en los Laboratorios Bell. Sí, lo has adivinado, Joel era la competencia, su rival, y Cooper lo llamó para informarle de su asombroso invento.

El primer teléfono móvil se vendió al público en 1983. Era el Motorola DynaTAC 8000x, que tenía casi el tamaño de un ladrillo y desde luego no cabía en el bolsillo de nadie. Sin embargo, se podía llevar encima y era móvil. Así que a la gente le fascinaba y era como una especie de símbolo de estatus.

De hecho, a este teléfono se lo apodaba "el ladrillo" porque pesaba alrededor de un kilo y era pesado de llevar. Y lo mejor, o quizá lo peor, de todo es que la batería sólo

33

duraba 30 minutos. Esto hacía que el precio de 3.995 dólares pareciera demasiado alto para que tanta gente invirtiera en un móvil que sólo duraba media hora.

Datos sobre el smartphone

El primer smartphone que se inventó se llamaba Simon Personal Communicator (SPC). Ofrecía algunas de las funciones básicas que se ven en los smartphones modernos en los que a ti y a mí nos encanta ver YouTube. El teléfono SPC fue inventado por una empresa llamada IBM en 1992 y tenía una pantalla táctil que podías utilizar con la ayuda de un lápiz óptico. La batería duraba una hora entera.

El primer iPhone de Apple fue presentado al mundo por Steve Jobs en 2007. Dio a conocer su creación en la Convención Macworld. Este teléfono de calidad superior tenía una serie de características que todo el mundo adoraba. Cámara, pantalla táctil, iPod y, además, era el primer teléfono móvil con conexión a Internet.

En este primer iPhone, Jobs introdujo lo que llamó una "aplicación mortal". ¿Sabes cuál era? Muy sencillo: se trataba de responder llamadas. Ningún otro teléfono ofrecía una manera más fácil de hacer una llamada que el iPhone de Apple. Antes de que apareciera el teléfono inteligente, teníamos que pulsar unos botones para hacer una llamada. No podíamos simplemente buscar un número y tocar la pantalla para que marcara. Había que teclear manualmente el número de teléfono, y mala suerte si pulsabas accidentalmente el botón equivocado. Pregunta a tus padres cómo se marcaban los números en los teléfonos antes de que apareciera el smartphone.

La mejor parte de la presentación fue cuando Steve Jobs llamó a Starbucks. Yo estaba allí, ya sabes, boquiabierto de asombro mientras abría la aplicación de Google Maps, encontraba Starbucks y llamaba al lugar en ese mismo momento a través de la aplicación.

"Me gustaría pedir 4.000 cafés con leche para llevar, por favor", dijo Steve Jobs por teléfono.

Luego dijo: *"No, es broma, número equivocado. Gracias, adiós. Ok"* (Dubey, 2021).

Me apetecía mucho un café con leche, pero estaba más asombrado por lo que era capaz de hacer aquel pequeño aparato en manos de Jobs. El resto, como saben, es historia.

Algunos "¿Sabías que...?" Datos tecnológicos al azar

¿Has oído hablar de la actriz Hedy Lamarr?

Puede que no. Fue actriz cuando tus bisabuelos eran jóvenes, pero es importante conocerla porque, aunque la actriz estadounidense de origen austriaco tenía mucho talento y actuó en más de 30 películas, ¡también fue inventora! Inventó una versión básica de la

35

tecnología de comunicación por salto de frecuencia. ¿Qué es eso? Bueno, era una especie de versión inicial, o el anteproyecto, de lo que ahora llamamos WiFi, GPS y Bluetooth. ¡Una mujer muy lista!

El logotipo de Firefox

Firefox es el apodo que recibe el panda rojo, una especie en peligro de extinción que se parece más a un zorro que a un panda.

Parece que hubo un fallo de comunicación cuando se utilizó el nombre Firefox para el navegador web Mozilla Firefox, ya que todo el mundo pensaba que "firefox" significaba zorro rojo.

Por eso, para no complicar las cosas, el nombre Firefox se combinó con la imagen de un zorro en lugar de un panda rojo porque así era más fácil que la gente relacionara el nombre con el logotipo. Aunque, técnicamente, firefox sigue siendo el apodo que hace referencia al panda rojo... ¡genial!

La locura de las pantallas

Ahora aquí tenemos un dato muy loco: las personas en los Estados Unidos tienen más pantallas (incluyendo televisores, ordenadores portátiles, teléfonos inteligentes, etc.) en sus hogares que el número de personas que viven allí.

Nokia era un vendedor de papel higiénico

Antes de que Nokia se convirtiera en una de las marcas de telefonía más importantes, la empresa vendía papel higiénico, neumáticos para vehículos, ordenadores y diferentes tipos de aparatos electrónicos. Esto fue en la década de 1960.

En los años 80, la empresa había fracasado en casi todos los campos excepto en su rama de telecomunicaciones. Por eso, Nokia se unió a Motorola para ayudar a lanzar la industria de la telefonía móvil en los años 80 y pasó a convertirse en una de las mayores marcas de teléfonos móviles. Sin embargo, la fama de Nokia como marca puntera de telefonía móvil duró poco y, aunque todavía hay teléfonos Nokia en el mercado, apenas son tan populares como las marcas famosas que tú y yo conocemos.

El número de teléfonos móviles en el mundo es mayor que el de inodoros

Hay lugares en los que es más fácil encontrar un teléfono móvil que un retrete, sin importar la urgencia con la que necesites utilizar sus instalaciones.

Una encuesta realizada en 2014 por UNICEF reveló que más de 6.000 millones de personas de la población mundial poseen un teléfono móvil, mientras que solo 4.500 millones tienen acceso a un inodoro (Redacción de BRINK, 2014).

Por otro lado, los teléfonos móviles transportan más bacterias que un inodoro

Mira que yo no soy de los perros que beben del inodoro, pero déjame decirte que, según este estudio, un teléfono móvil tiene más bacterias que el asiento de tu inodoro. ¡Puaj!

Un estudio reciente descubrió que los teléfonos móviles

de estudiantes de secundaria tenían más de 17.000 variedades de bacterias arrastrándose por ellos. ¡Qué asco! (Kõljalg y otros, 2017).

Esto sucede porque siempre llevamos el teléfono en la mano, y esta contiene una variedad de microbios que no son realmente dañinos ni causantes de enfermedades. Pero cuando se mezclan con la grasa que segrega la piel, los microbios se multiplican en el teléfono y se convierten en diversos tipos de bacterias. La buena noticia es que no siempre son perjudiciales. Menos mal. Pero conviene lavarse las manos después de utilizar un móvil ajeno y evitar llevarlo siempre en la mano.

LA TECNOLOGÍA MODERNA Y SU EVOLUCIÓN: HECHOS QUE CONVIENE SABER

La tecnología ayuda a mejorar nuestras vidas y, a lo largo de la historia, algunos grandes inventores han creado inventos asombrosos que hoy forman parte de nuestra vida cotidiana. Veamos algunos inventos tecnológicos modernos que han ayudado a dar forma al mundo actual.

La cadena de montaje

La cadena de montaje es una herramienta importante que los fabricantes utilizan para satisfacer las elevadas exigencias de los consumidores. Así es como funciona una cadena de montaje: produciendo bienes en

cantidades muy grandes y en un tiempo doblemente rápido. Por ejemplo, ¿has visto cómo se arman los coches pieza a pieza en una larga cadena de montaje? Cada trabajador tiene una tarea que realizar y ensambla una pieza del coche a medida que las piezas avanzan por una cinta transportadora.

Henry Ford perfeccionó la cadena de montaje

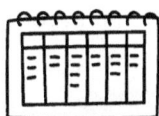

El concepto de producción en serie de automóviles se le ocurrió nada menos que al gran Henry Ford. Él fue quien introdujo la primera cadena de montaje en movimiento el 1 de diciembre de 1913 y es a quien se le atribuye el perfeccionamiento de la cadena de montaje. Antes se tardaba 12 horas en fabricar un coche entero, pero con la cadena de montaje súper rápida se podía fabricar uno en sólo una hora y 33 minutos. ¡Genial!

El motivo de la producción en serie fue el deseo de Henry Ford de ofrecer coches a precios más bajos, porque quería que todo el mundo tuviera uno. Por eso, decidió dividir la fabricación de su coche Modelo T en 84 pasos e hizo que cada trabajador montara una pieza. Y así fue como la cadena de montaje de automóviles se perfeccionó en Estados Unidos.

Los robots pronto tomaron el relevo y reemplazaron a las personas que trabajaban en las cadenas de montaje. Se perdieron muchos puestos de trabajo, pero los robots eran más convenientes para los fabricantes, ya que trabajaban de forma independiente y rápida, y podían operar y gestionar las tareas individuales de forma eficiente y sin cometer ningún error.

La energía y su evolución

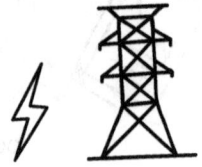

Energía solar

A principios del siglo XX, los científicos aprovecharon la energía solar y utilizaron diferentes métodos para aprovechar al máximo la energía del sol. Por ejemplo, se crearon células solares para aprovechar y almacenar la energía del sol de forma parecida a la recarga de una batería. La energía solar almacenada se utiliza para muchas tareas, como generar electricidad y calentar agua.

Los paneles solares instalados en los tejados de las casas y edificios contienen células que aprovechan y almacenan la energía solar, que luego se utiliza para generar electricidad distribuida por toda la estructura.

Energía nuclear

Los átomos constituyen casi todo lo que nos rodea y son la unidad más pequeña de la materia. El plasma, los sólidos, los gases y los líquidos están formados por átomos diminutos que se agrupan y se mantienen en su lugar gracias a una energía muy fuerte.

Los científicos han encontrado una forma de aprovechar la energía que mantiene unidos a los átomos. Se llama "energía nuclear" y se utilizó por primera vez para crear la bomba atómica en Estados Unidos, responsable de poner fin a la Segunda Guerra Mundial ("IIGM").

J. Robert Oppenheimer creó la bomba atómica (bomba A) como una de las primeras armas nucleares del mundo.

Hoy en día, los científicos han aprendido a utilizar la energía nuclear para cosas mejores, como generar energía eléctrica. Los átomos se separan y esa energía se aprovecha para generar electricidad.

Los átomos se parten para obtener la energía que los mantiene unidos; los científicos llaman a este proceso "fisión nuclear." Para generar electricidad para nuestros hogares, los átomos se dividen de tal manera que la energía se libera lentamente. Pero cuando los átomos se dividen para liberar su energía central de forma repentina y rápida, el resultado es una enorme explosión. Así es como funciona la bomba atómica.

Centrales nucleares

Las centrales nucleares se utilizan para crear fisión nuclear y generar energía que, a su vez, se usa para generar calor. El calor crea entonces vapor, que es lo que hace funcionar las turbinas gigantes que generan electricidad.

La tecnología y su relación con la medicina

Con los grandes avances que los científicos lograron en la década de 1900, la tecnología pronto se utilizó para ayudar al campo de la medicina, ya que se habían inventado nuevos dispositivos que ayudaban a las personas a hacer frente a ciertas discapacidades.

Máquinas que ayudan a nuestro cuerpo a funcionar mejor

Los audífonos ayudan a que las personas con deficiencias auditivas puedan oír. Los marcapasos son

dispositivos eléctricos que se insertan en el interior del cuerpo humano para ayudar al corazón a latir a un ritmo regular. Por otro lado, una máquina de diálisis, cuando se fija fuera del cuerpo, ayuda a purificar la sangre a las personas con riñones que no funcionan correctamente.

Gracias a los avances de la tecnología, se construyeron todas estas y otras máquinas asombrosas que ayudan a las personas a vencer enfermedades y vivir más tiempo.

Terapia génica

Podemos explicarlo mejor como ingeniería genética.

Un gen es una unidad diminuta situada dentro de las células de todos los seres vivos que incluye información sobre el funcionamiento de esas células. También tienen un código que contiene información sobre el organismo del que procede (llamado ADN). Los científicos han aprendido a dividir genes y unirlos a otros genes creando así un nuevo código de información que puede ayudar a curar diferentes enfermedades e incluso a crear plantas que prosperen y crezcan sin la enfermedad.

Bueno, vamos a ver qué más puedes averiguar por tu cuenta sobre la tecnología moderna. Ahora es el momento de mi paseo de la tarde por el parque porque, sencillamente, me encanta estar al aire libre. Mientras salimos, pasemos al capítulo 2, que trata uno de mis temas favoritos: la vida silvestre y la naturaleza.

Capítulo 2: Vida Silvestre y Naturaleza

El planeta Tierra está bendecido con la más asombrosa colección de vida silvestre.

Hermosas aves que vuelan, majestuosas bestias que son a la vez temibles y gentiles, exóticos animales marinos que viven en las profundidades de los océanos, fascinantes bichos e insectos de todas las formas, tamaños y colores.

Basta con salir al jardín o al parque para descubrir insectos, conejos, topos e incluso ardillas peludas.

El mundo de los animales es aún más fascinante cuando se conocen datos curiosos sobre las distintas especies que viven en nuestro hermoso planeta.

Por ejemplo, ¿sabías que, aunque soy un perro, me gustan más los plátanos que la carne? Sí, me gustan tanto que cambiaría mi mejor filete por un pastel de plátanos.

Pero hablando más en serio, amigo, mis aventuras por el mundo me han enseñado mucho sobre los animales, el lugar donde viven, lo feroces o adorables que pueden llegar a ser y, por supuesto, los tipos de alimentos que comen, desde herbívoros a carnívoros, pasando por omnívoros como yo, que no soy demasiado exigente. Los animales disfrutan de dietas variadas.

¿Estás listo para embarcarte en la aventura de tu vida explorando el reino animal conmigo?

¿Lo estás? Bien, ¡empecemos!

Datos fascinantes acerca de los perros

Por supuesto, debo empezar contándote más cosas sobre el mejor amigo peludo favorito de todos: el perro. Aquí tienes algunas curiosidades sobre tus amigos de cuatro patas que te fascinarán.

El perro es una especie evolucionada del lobo

El hombre domesticó a los perros (o nos convirtió en mascotas) hace casi 20.000 años. Pero los perros no eran las simpáticas mascotas peludas que conocemos hoy; las primeras especies de perros domesticadas por el hombre eran muy parecidas a los lobos. Sin embargo, con el tiempo fuimos evolucionando y cambiando, nuestras patas se hicieron más pequeñas y la forma de nuestros cráneos cambió. Ah, sí, e incluso nuestros dientes empezaron a parecer más amistosos y menos como los del lobo feroz de Caperucita Roja.

Este cambio se produjo porque ya no éramos una especie salvaje que tenía que cazar para alimentarse. En su lugar, teníamos hogueras cálidas y acogedoras frente a las que echarnos, un amo amable que nos ofrecía comida y habíamos descubierto las caricias en la panza. A cambio, nos convertimos en fieles compañeros y cambiamos nuestro feroz aspecto de lobo por los rasgos de perro guardián, más bonitos, pero aun así fieros, que poseemos hoy en día (excepto quizá esos esponjosos caniches franceses de los que sospecho mucho que no descienden de los lobos).

Los perros son súper listos

Claro que sí, pero ¿sabías que un perro es capaz de aprender más de 165 señas e incluso palabras? (Jung et al., 2022).

Así es, un perro tiene la inteligencia de un niño de dos años y medio, ie incluso es más fácil de adiestrar!

Esta inteligencia varía según la especie. Me gustaría poder decir que los bulldogs franceses somos la especie más inteligente, pero no es así. Yo soy la excepción, por supuesto. Pero las razas de perros más inteligentes se clasifican de la siguiente manera (Cahn, 2022).

1. Border collie
2. Caniche (iajá, así que hay inteligencia debajo de todos esos rizos!)
3. Pastor alemán
4. Golden retriever
5. Doberman pinscher
6. Pastor de Shetland
7. Labrador retriever
8. Papillon
9. Rottweiler
10. Pastor ganadero australiano

Un perro puede detectar olores cuarenta veces mejor que los humanos

Es cierto, los perros tenemos un olfato excelente. Incluso podemos captar el olor de alguien unos días después de haberlo desprendido. Por eso los perros somos excelentes detectives y a menudo nos utilizan para ayudar a la policía a detener a los delincuentes investigando la escena de un crimen, e incluso para olfatear a los contrabandistas en el aeropuerto.

Por ejemplo, un perro salchicha (esa raza de perro que se parece a un pancho) tiene unos 125 millones de receptores olfativos, mientras que la nariz humana sólo tiene 5 millones (Jung et al., 2022).

El bloodhound, o perro de San Huberto, tiene el mejor sentido del olfato de todas las razas caninas. Esta capacidad es tan famosa que la detección de un olor incriminatorio por parte de este perro puede incluso utilizarse como prueba ante un tribunal.

¿No es increíble?

Una persona puede incluso ir a la cárcel por el simple hecho de que un perro de presa inteligente la haya olfateado por llevar sustancias prohibidas, como narcóticos o explosivos.

Los perros incluso tenemos un oído muy superior al de los humanos y podemos oír sonidos agudos que los humanos no pueden oír. Además, podemos oír ruidos desde muy lejos.

Lamentablemente, el perro tiene poco sentido del gusto

¿Alguna vez te has preguntado por qué tu perro come zapatillas viejas malolientes con tanto entusiasmo como sus galletas?

Pues bien, los perros tenemos unos receptores gustativos muy pobres. Si tuviéramos que compararnos, los perros tenemos unas 1.700 papilas gustativas, mientras que un ser humano tiene unas 9.000. En realidad, no importa tanto; simplemente significa que podemos disfrutar de cualquier comida sin hacer mucho escándalo.

DATO CURIOSO

Algunos perros son excelentes nadadores. La raza Terranova es la mejor en el agua y a menudo trabajan como socorristas y perros de rescate en el agua.

Un Terranova llamado Whizz, que trabajaba para la Marina Real Británica, fue incluso premiado con la Orden del Mérito de la PDSA por haber salvado a un total de nueve personas mientras trabajaba como perro de rescate en el mar.

Los perros sudan por las patas

Contrariamente a la creencia popular, los perros no sudamos por la lengua. Lo hacemos por las patas. Además, nuestro sudor es un poco más aceitoso que el de los humanos y sólo puede ser olido por otros perros. Pero escucha esto: muchas personas que conozco confiesan que las patas de sus perros huelen a palomitas de maíz... i¿Qué?!

A diferencia de los humanos, los perros no regulamos nuestro calor corporal mediante el sudor. En su lugar, debemos jadear para refrescarnos. Por eso tu perro se sienta con la lengua afuera, respirando agitadamente justo después de una carrera vigorosa. Al jadear, los perros somos capaces de evaporar la humedad a través de la lengua, los conductos del interior de la nariz y los pulmones; al pasar el aire por estos tejidos, nuestro cuerpo se enfría.

Los antiguos egipcios trataban a los perros como compañeros

Cuando conocí a la gran Cleopatra en Egipto, se aseguró de que tuviera mi propia habitación y una cama de oro para tumbarme y tomar sol todo el día. Incluso ayudé a sus ingenieros a hacer los cálculos de algunos de los templos que estaban construyendo.

En el palacio de Cleopatra conocí a la hermosa Anaksun, la saluki. La raza saluki era la más respetada, y Anaksun tenía hasta sus propios sirvientes para atenderla en todo lo que necesitara. Incluso tenía un collar de oro y me invitó a comer su comida, ilos mejores cortes de carne de Egipto! Me dijo que, cuando muriera, la enterrarían en una pirámide junto a su ama.

Algunos perros son súper rápidos

Los perros somos más rápidos que los humanos porque estamos hechos para correr y perseguir una presa, como los lobos que salían a cazar con sus amos humanos hace 20.000 años. El galgo es la raza de perro más rápida y puede alcanzar la asombrosa velocidad de 72 km/h en unos pocos segundos.

Escucha esto, en una carrera, el galgo podría superar fácilmente a un guepardo. Aunque un guepardo puede alcanzar los 112 km/h, sólo es capaz de mantener esa velocidad durante 30 segundos, pero un galgo puede correr sin parar durante 11 kilómetros a una velocidad de unos 65 km/h y superar fácilmente al exhausto guepardo por el camino.

Más datos sobre perros

1. La huella nasal de cada perro es única, igual que su huella dactilar. Así que, si quieres identificar a un perro concreto de la misma raza, fíjate en la huella de su nariz.

2. En Estados Unidos, más del 45% de los perros duermen en la cama de su dueño.

3. Los perros soñamos, por eso nos ves correr o ladrar mientras dormimos. Los perros más viejitos y los cachorros son los que más sueñan.

4. La especie canina más grande, el mastín inglés, puede pesar entre 150 y 230 libras (68 y 105 kilos).

Datos asombrosos sobre el tiburón blanco

Bien, amigo es hora de emocionarse y estremecerse aprendiendo sobre el mayor depredador del océano: el gran tiburón blanco.

Temibles y fascinantes, estos mortíferos cazadores merecen todo nuestro respeto.

Los tiburones blancos viven en todos los océanos

Estos depredadores se encuentran en casi todos los océanos del mundo, aunque prefieren las aguas más frías y viven cerca de la costa.

Los tiburones blancos son clasificados como la especie de pez depredador más grande porque alcanzan una media de 4,6 metros, aunque se han encontrado tiburones blancos de 6 metros de largo.

El Gran Tiburón Blanco es rápido

¡Este poderoso cazador puede viajar a la asombrosa velocidad de 60 kilómetros por hora! Por eso es que las posibilidades de nadar más rápido que uno de ellos son muy escasas. Su poderosa aleta trasera y la forma aerodinámica de su cuerpo le ayudan a mantener su velocidad. El vientre blanco del tiburón es lo que le da parte de su nombre. No hace falta que explique lo de "gran", ¿verdad?

El tiburón blanco tiene unos dientes que dan miedo

Ningún dentista se quiere acercar al gran tiburón blanco porque tiene cerca de cinco filas de dientes, que suman unos 300 dientes muy puntiagudos y afilados. Pero los humanos no son su comida favorita. Sí, de vez en cuando ataca, pero los científicos dicen que es más por curiosidad, porque el tiburón se pregunta a qué sabe esa cosa tan graciosa que chapotea en el agua. Sin embargo, no es divertido que te coma uno, y mi consejo es que seas precavido en todo momento.

Los tiburones blancos son muy astutos

A menudo, las víctimas ni siquiera saben que están siendo perseguidas por un tiburón blanco hasta que éste sale del agua y se sumerge con la boca llena de lo que estaba acechando. El tiburón blanco es un cazador sigiloso y rodea a su presa desde abajo. Luego, sale disparado fuera del agua, en lo que los científicos llaman "posición de nalgas", antes de agarrar a la presa asustada y dirigirse a las profundidades del océano. ¡Esto me ha dado escalofríos y se me han erizado los pelos!

Los tiburones blancos son los peores padres

Así es, los tiburones blancos no dan amor maternal a sus bebés. Los tiburones suelen tener entre 2 y 10 crías, cachorros. En cuanto nacen, las crías de tiburón blanco se alejan nadando e intentan

cuidarse solas, ya que si se quedan cerca de la madre podrían ser devoradas por ella. ¡Qué miedo!

El mayor enemigo del tiburón blanco es el hombre

El tiburón blanco se encuentra en la cima de la cadena alimenticia y no se ve amenazado por muchas otras especies marinas, salvo la orca. Por lo tanto, tiene potencial para disfrutar de una larga y saludable supervivencia como especie.

Sin embargo, puede que no sea así. Lamentablemente, el ser humano es responsable de que el número de estas fascinantes criaturas se haya reducido. La sobrepesca e incluso la caza ilegal del tiburón blanco han provocado su disminución. Y lamento informarte que el tiburón blanco ha pasado a formar parte de la Lista Roja de Especies Vulnerables de la Unión Internacional para la Conservación de la Naturaleza (UICN).

¿Sabías que hay incansables biólogos marinos que trabajan duro para proteger y conservar a los tiburones blancos? Estas personas tan especiales se encargan de proteger y conocer gran parte de los océanos y la vida marina del planeta. ¿Te gustaría ser biólogo marino cuando seas mayor?

Datos curiosos sobre las tortugas

Las tortugas son unas de las criaturas marinas más fascinantes y las hay de muchas formas, colores y tamaños. Se encuentran en todo el mundo, sobreviven en distintos entornos y pertenecen al grupo de reptiles Testudines, que incluye tortugas gigantes, pequeñas tortugas de agua dulce y magníficas tortugas marinas.

Las tortugas son de los reptiles más antiguos

Así es, las tortugas son incluso más antiguas que los caimanes, los cocodrilos y las serpientes, que pertenecen a la familia de los reptiles. Las tortugas ya existían cuando los dinosaurios vagaban por la Tierra hace casi 200 millones de años. Eso hace que la especie sea realmente antigua y una de las formas de vida más apreciadas de nuestro planeta.

Todas las tortugas tienen un caparazón duro

Tortugas terrestres, marinas y galápagos tienen un duro caparazón cartilaginoso que las caracteriza. Esta estructura ósea situada fuera de su cuerpo es súper resistente y les ofrece protección frente a los depredadores. Aunque no todas las tortugas pueden hacerlo, hay algunas especies, como las tortugas terrestres, que son capaces de meter toda la cabeza dentro de su caparazón, evitando así ser heridas por animales depredadores.

El esqueleto de una tortuga está en el exterior

¿No es increíble?

El caparazón de una tortuga es en realidad su esqueleto y está situado en la parte exterior de su cuerpo. El caparazón no es sólo un gran hueso, aunque bien pueda parecerlo. De hecho, está formado por más de 50 huesos, que incluyen la caja torácica y las vértebras del animal, todas ellas situadas en el exterior.

El caparazón de una tortuga crece con ella, por lo que nunca crece demasiado para su tamaño. Además, a diferencia de las tortugas que aparecen en la mayoría de los dibujos animados, las tortugas reales no pueden salir de su caparazón, ya que éste está fusionado al cuerpo de la tortuga.

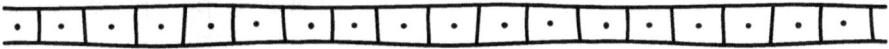

Dato curioso

La especie de tortuga más grande es la tortuga laúd. También se la llama laúd o tortuga curtida. Una tortuga laúd adulta mide unos dos metros iy pesa asombrosamente 600 kg!

Las tortugas comen muchas cosas diferentes

La dieta de una tortuga depende de dónde viva. Las especies de agua dulce, como los galápagos, comen frutas, hierba e incluso insectos jugosos. Por otro lado, las tortugas marinas comen medusas, calamares e incluso algas. Debido a su variada dieta, las tortugas se encuentran en los tres grupos de alimentos. Algunas son herbívoras, es decir, sólo comen plantas; otras son carnívoras y prefieren comer sólo carne; pero la mayoría son omnívoras y comen una mezcla de plantas y carne.

Las tortugas pertenecen al grupo de los amniotas

Las aves, los reptiles y algunos mamíferos se clasifican como amniotas. Esto significa que se reproducen en forma de huevos, que se ponen en tierra, aunque los animales pueden vivir tanto en el agua como en la tierra. Las tortugas también pueden vivir en el agua, pero ponen sus huevos en tierra.

Las tortugas son de sangre fría

Las tortugas también son reptiles de sangre fría y viven mucho tiempo. Jonathan, que vive en la isla de Santa Elena, es la tortuga más vieja de la que se tiene registro.

Fue traída a Santa Elena desde Seychelles en 1882, como regalo para Sir William Gray Wilson. Aunque se cree que Jonathan nació en 1832 y cumple 191 años en 2023, se especula con que podría ser mayor. Tal vez visite a Jonathan y charle con él para ver cuántos años tiene realmente.

Antes de Jonathan, la tortuga más vieja de la que se tiene registro vivía en la isla de Tonga. Se llamaba Tu' i Malila y vivió 188 años.

Las tortugas están en peligro

Al igual que el gran tiburón blanco, la mayoría de las especies de tortugas están en peligro de extinción. Según la UICN, 129 especies de los 300 tipos de tortugas y galápagos del planeta están en peligro de extinción, son vulnerables o se encuentran en una situación crítica.

Las principales razones de esta espantosa situación se atribuyen a que las tortugas están perdiendo sus hábitats naturales debido al desarrollo de la tierra, la caza furtiva y, por supuesto, el malísimo e ilegal comercio de mascotas.

Recuerda que extinguirse es para siempre, y nunca debes fomentar ninguna de las acciones que conducen a la pérdida de otra especie animal. Puedes ayudar empezando poco a poco y disuadiendo a tus amigos de tener como mascotas especies de tortugas en peligro de extinción. Ellas deben estar en la naturaleza, donde los científicos pueden protegerlas y ayudarlas a prosperar.

Idea de proyecto

Reúne datos sobre las tortugas y haz un póster para colgarlo en el colegio y que tus amigos aprendan más sobre esta especie antigua, pero en peligro de extinción antes de que sea demasiado tarde.

La próxima vez que vayas de vacaciones a un lugar tropical, como Sri Lanka o las Maldivas, asegúrate de pedir a tus padres que te lleven a bucear, donde podrás ver tortugas marinas.

Datos curiosos sobre las ranas

Las ranas me fascinan desde que me desperté con una en la punta de la nariz. Las ranas son un buen indicador de la calidad del entorno: cuanto mejor y menos contaminado esté un lugar, más ranas encontrarás. Con más de 4.000 especies, las ranas dan mucho de qué hablar.

Conozco a varios niños que tienen ranas como mascotas, mientras que en el estanque del patio trasero de mi amigo humano vive una adorable familia de ranas que disfruta croando toda la noche, sobre todo después de una gran lluvia.

Las ranas están por todas partes

Hay más de 4.000 variedades de ranas en nuestro planeta. El número exacto no está claro, ya que los científicos siguen descubriendo nuevas especies. Las hay de muchos colores, formas y tamaños.

La especie de rana más grande es la rana Goliat. En estado salvaje, una rana Goliat pesa alrededor de 2,5 kilos y puede llegar a medir unos 30 centímetros. Si visitas la sección de peces y anfibios del zoológico, podrás ver estas grandes ranas. Pero, por desgracia, desde 2004 que la rana Goliat está en la lista de especies en peligro de extinción de la UICN. Las razones son muchas: la deforestación, la pérdida de sus hábitats cuando se construyen presas, e incluso la caza por los humanos, que disfrutan comiéndose a la rana Goliat.

Las ranas pueden ser tóxicas

¿Sabías que algunas ranas tropicales tienen un color determinado para que los depredadores sepan que son venenosas? ¡Caramba! Se colorean en tonos azules, amarillos, naranjas, verdes y rojos como mensaje a los depredadores que piensan que tienen un aspecto apetitoso: el mensaje dice "¡Soy muy venenosa, así que mantente alejado!" Los colores protegen a las ranas y son, de hecho, indicadores de que son venenosas. He descubierto que la rana venenosa dorada es lo bastante venenosa como para matar a unos 20.000 ratones.

Las ranas saltan muy alto

¿Has perseguido alguna vez a una rana? Entonces sabrás lo alto que pueden saltar. De hecho, en promedio, una rana es capaz de saltar más de 20 veces su altura, pero algunas pueden saltar incluso más alto.

Fíjate en las orejas de la rana para saber si es macho o hembra

Este es un hecho bastante peculiar sobre las ranas. Puedes saber si son machos o hembras mirándoles las orejas. Las orejas de las ranas, llamadas "tímpano", están situadas justo detrás de los ojos. Fíjate y si ves que la oreja es más grande que el ojo, es que es una rana macho. Si el tímpano es más pequeño que el ojo, es una rana hembra.

Las ranas se comen su propia piel

Esto me parece asqueroso, pero es un fenómeno natural de las ranas. Las ranas mudan de piel una vez a la semana o incluso todos los días. Se llama "muda", y cuando una rana muda o pierde su piel, se la come porque está llena de proteínas y no quiere desperdiciar nada de lo bueno que contiene. De hecho, una rana empieza a frotarse la piel vieja directamente en la boca, a diferencia de las serpientes, que se la quitan y la dejan atrás. Si buscas en Internet, encontrarás vídeos muy divertidos de ranas mudando la piel y llevándosela a la boca para comérsela.

Las ranas beben y respiran a través de la piel

Así es, una vez invité a una rana a tomar algo, ie inmediatamente se metió en el vaso de agua que le ofrecí! Porque las ranas no beben agua por la boca. Absorben el agua a través de la piel.

Las ranas tienen lo que los científicos llaman una "piel permeable", lo que significa que es capaz de dejar pasar gases y líquidos a través de ella, como si fuera un colador. Por lo tanto, las ranas también respiran a través de su piel absorbiendo el oxígeno del agua.

Aunque éste es un buen sistema para mantenerse siempre frescas e hidratadas cuando están en el agua, la piel permeable de una rana también puede jugar en su contra.

Por ejemplo, si el estanque o lago en el que vive una rana está contaminado, su piel absorberá todos los venenos tóxicos del lugar y matará a la rana. Además, cuando una rana está mucho tiempo sin agua, la humedad se escapa por su piel permeable y la pobre se deshidrata.

Por eso es que debemos asegurarnos de no contaminar nunca los cursos de agua arrojando cualquier tipo de basura en ellos. Hay muchas especies de animales que viven en el agua y son muy vulnerables a los venenos que los seres humanos les echan despreocupados.

Las ranas también pueden ahogarse

Las ranas pueden ahogarse porque, como tú y como yo, tienen pulmones a través de los cuales respiran. Sin embargo, tienen cuidado de que no les entre agua en los pulmones, porque se ahogarían. Como he dicho antes, pueden respirar incluso a través de la piel, pero sólo pueden absorber la cantidad de oxígeno presente en el agua en la que se encuentran. A veces, ese oxígeno no es suficiente y las ranas deben salir a respirar.

¿Qué hace que una rana tenga la piel viscosa?

La piel permeable de una rana tiene mucho que ver en realidad. Algunas ranas tienen una gruesa capa mucosa que protege su piel. Esta viscosa mucosidad ayuda a la rana a retener la humedad en su piel. También contiene propiedades antibacterianas que protegen contra la absorción de algunas toxinas que pueden dañar a la rana.

Incluso hay ranas que producen una especie de sustancia cerosa que se extiende por el cuerpo para retener la humedad y mantenerse frescas. Si una rana planea pasar el día explorando, se untará esta sustancia cerosa para poder mantenerse fresca.

Las ranas ponen huevos en los lugares más recónditos

No todas las ranas ponen huevos en el agua. No, es mucho más complicado. Como los huevos de rana no tienen una cáscara dura como los huevos normales, pueden secarse o aplastarse fácilmente. Por eso, para proteger sus huevos, las ranas han ideado algunos métodos geniales.

Para empezar, las ranas ponen sus huevos debajo de las hojas situadas encima de una masa de agua, sobre todo en las selvas tropicales. Una vez que los huevos eclosionan, los pequeños renacuajos caen directamente al agua y comienzan su viaje de supervivencia mientras empiezan a evolucionar hasta convertirse en ranitas.

La especie macho de la rana de Darwin se traga los huevos, pero no para comérselos como alimento. Planta los huevos en su saco vocal, que está situado en la garganta, y los mantiene a salvo hasta que están listos para eclosionar. Este asombroso fenómeno funciona después de que la hembra de la rana de Darwin haya puesto unos 40 huevos entre las hojas cercanas al agua. La rana macho se encarga entonces de vigilar los huevos durante las 3-4 semanas siguientes. En cuanto ve que los pequeños embriones empiezan a moverse, los ingiere y los planta en su saco vocal hasta que eclosionan. ¿No es el gesto más cariñoso que puede tener un padre? Busca los increíbles vídeos en Internet.

La hembra del sapo de Surinam - que en realidad es una rana, pero se llama sapo por su piel rugosa - realiza una hazaña igual de asombrosa al incubar a sus crías directamente de la piel de su espalda. La hembra de la rana de Surinam tiene muchos orificios en la espalda, y sus huevos se plantan allí, en lo más profundo de la piel. Una vez implantados, los embriones se desarrollan, se convierten en renacuajos y crecen hasta convertirse en versiones en miniatura de su madre. También hay vídeos de esto en Internet para niños, pero te advierto: ies espeluznante y me hace picar todo el cuerpo de solo verlo!

Las ranas ven lo que hay detrás de ellas

No hay forma de que te acerques sigilosamente por detrás a una rana porque pueden ver por detrás de la cabeza. ¿Te has preguntado alguna vez por el tamaño de los ojos de las ranas? ¿Por qué son tan grandes?

Pues bien, los ojos de las ranas están situados en la parte superior de la cabeza y sobresalen tanto que pueden girarlos casi 360 grados. Esto les permite ver a los lados y por detrás de la cabeza sin ni siquiera darse la vuelta. Ojalá yo tuviera ojos que giran 360 grados.

Los ojos de las ranas tienen una característica aún más asombrosa: la membrana nictitante, que es un tercer párpado. Este párpado, o membrana, se cierra sobre el ojo para protegerlo, pero permite a la rana ver bajo el agua, algo así como las gafas que te pones para bucear. La membrana nictitante también ayuda a la rana a mantener los ojos húmedos cuando está fuera del agua.

Animales que propagan enfermedades y son peligrosos para las personas

Hay muchos animales que pueden ser una amenaza para el ser humano. Algunos son venenosos, como las serpientes y los escorpiones, mientras que otros son portadores de enfermedades y gérmenes.

El mosquito

Los mosquitos son peligrosos para el ser humano porque pueden ser portadores de muchas bacterias, virus y parásitos. Algunas enfermedades transmitidas a los humanos por los mosquitos pueden ser mortales e incluso provocar una pandemia. Una pandemia se produce cuando la enfermedad se extiende por todo el mundo y es difícil de contener.

Los mosquitos propagan enfermedades como la malaria, la filaria, la fiebre amarilla, el virus del Zika y el dengue. Son enfermedades que se desarrollan más en condiciones tropicales, por eso es importante llevar repelente de insectos siempre que visites una zona con mosquitos.

El dengue es una de las enfermedades más extendidas causadas por mosquitos. Los países tropicales tienen dificultades para luchar contra esta enfermedad. Una forma de reducirla es manteniendo el entorno limpio y libre de lugares donde se acumule agua.

Criaturas más venenosas

¿Qué piensas que es peor: una araña o una serpiente? Aunque ambas son importantes para mantener el equilibrio del ecosistema de nuestro planeta, es importante tratar a estos animales con respeto.

La araña más venenosa del mundo es la araña de tela en embudo.

Existen dos especies: la araña embudo de los árboles y la araña embudo de Sydney. Ambas son muy venenosas y pueden ser mortales. Esta araña es originaria de Australia.

La medusa más venenosa es la medusa de caja o también llamada avispa de mar.

Hay 51 tipos de avispas de mar, pero sólo cuatro variedades son venenosas. Una vez me encontré con una mientras me bañaba en el mar cerca de la Gran Barrera de Coral en Australia. Por suerte, la reconocí por su forma de caja y conseguí esquivarla. Muchas personas son víctimas de la picadura de esta medusa, sobre todo en Filipinas.

Es bueno saber que: La serpiente más venenosa es la víbora escamosa.

En Norteamérica, la serpiente más venenosa es la serpiente de cascabel.

Aún más venenosa es la víbora de escamas de sierra, también llamada víbora de alfombra.

Esta serpiente se encuentra en climas cálidos como Oriente Medio, África, Pakistán, Sri Lanka y la India.

Pero, ¿saben qué, niños? El hecho de que los trópicos alberguen algunas de las criaturas más peligrosas de la naturaleza no significa que debamos evitarlos. En los trópicos están algunos de los lugares más bellos del mundo.

Una vez visité la hermosa isla de Sri Lanka que está situada en el océano Índico. Tenía las playas de arena dorada más bonitas, donde construí castillos de arena y tomé sol todo el día. Hay muchos lugares soleados y cálidos en nuestro mundo que deberías intentar conocer. Quién sabe, quizá te conviertas en un viajero como yo y decidas explorar el mundo.

El insecto más venenoso del mundo es la hormiga cosechadora.

La hormiga cosechadora Maricopa es el único tipo venenoso de su especie. El aguijón de esta hormiga es 35 veces más venenoso que el de una serpiente de cascabel. El dolor de la picadura de esta hormiga es bastante intenso y puede durar hasta ocho horas. La hormiga cosechadora venenosa se encuentra en Arizona, México, Texas, Nevada y otros estados cálidos.

Curiosidades sobre animales

¿Sabías que los canguros, originarios de Australia, no pueden caminar hacia atrás?

Pues sencillamente no pueden. Se mueven dando pequeños saltos. El canguro grande salta con sus dos enormes patas al mismo tiempo y utiliza su gran cola para mantener el equilibrio. Supongo que saltar hacia atrás es imposible.

Los emús, también de Australia, son grandes aves no voladoras parecidas al avestruz. Sin embargo, a diferencia del avestruz, el emú no puede caminar hacia atrás. Los investigadores aún no tienen claro el motivo.

No le pidas a tu mascota cerdito que disfrute de la puesta de sol a menos que decida tumbarse de espaldas y mirar al cielo.

Verás, la estructura física del cerdo y la colocación de los músculos de su cuello hacen imposible que la criatura gire la cabeza hacia arriba para mirar al cielo.

Un flamenco sólo puede comer con la cabeza hacia abajo.

Es cierto, niños y niñas; un flamenco tiene cerdas en la parte superior de su pico y esas cerdas le ayudan a filtrar todo el barro que se le mete en la boca mientras come. Pero para utilizar esas cerdas en la parte superior de su pico, el flamenco debe poner la cabeza boca abajo.

Los excrementos (cacas) de los pandas se convierten en papel.

Los pandas viven de una dieta de plantas de bambú ecológicas, por lo que la Reserva Nacional de Pandas de Sichuan ha llegado a un acuerdo para empezar a utilizar la caca del panda para fabricar papel reciclado.

Los delfines son muy raros.

Para empezar, cuando un delfín duerme, sólo desconecta la mitad de su cerebro; la otra mitad permanece alerta para asegurarse de no ahogarse mientras duerme. El delfín, a pesar de ser capaz de aguantar la respiración bajo el agua durante mucho tiempo, es un mamífero por lo que necesita salir a respirar. Por ello, una parte de su cerebro permanece alerta, incluso cuando está dormido, para garantizar despertarse a tiempo para salir a respirar.

Una cucaracha puede seguir viviendo incluso sin cabeza, porque su cerebro se encuentra en su cuerpo.

Sorprendente, ¿verdad? Así que, aunque pierda la cabeza, la pobre cucaracha seguirá viviendo como siempre y acabará muriendo de hambre iporque, sin cabeza, no tiene boca para comer!

El corazón de la gamba, en cambio, está dentro de su cabeza.

Esto se debe a que el cuerpo de la gamba está dividido en dos, la cabeza y la cola.

Un caracol puede dormir más de tres años.

Un caracol entra en hibernación si el entorno no es el adecuado y no le ofrece suficiente humedad para sobrevivir. No les gusta el invierno, por ejemplo, y pueden acabar durmiendo casi tres años.

Una babosa no tiene nariz, sino cuatro tentáculos.

Dos de ellos funcionan como una nariz que le ayuda a percibir olores lejanos, y los otros dos, situados en la parte superior de la cabeza, son los ojos de la babosa, que le ayudan a ver.

¿Sabías que el kiwi es casi ciego?

Así es, este pobre pájaro no sólo es incapaz de volar, sino que tampoco ve demasiado bien. Aquí tienes algunos datos curiosos sobre el kiwi:

El kiwi es un ave con orificios nasales situados al final del pico.

Tiene plumas, pero son más bien pelaje, e incluso mudan cada año. No es extraño que no puedan volar.

No tiene plumas en la cola, pero sí bigotes parecidos a los de su gatito.

El kiwi es nocturno, lo que significa que es un animal activo por la noche. Y aunque la mayoría de los animales nocturnos tiene una vista excelente, el kiwi no ve demasiado bien con sus pequeños ojos.

Por otro lado, el kiwi tiene unos sentidos del olfato y el oído más que excepcionales. A este pájaro no se le escapa nada. (¿O podría ser un gato? No sabría decirlo).

Alguien llegó a grabar el vuelo de un pollo, y el vuelo sin escalas más largo de un pollo fue de 13 segundos.

Ese es el tiempo que ese pájaro podía aletear y volar. El estudio se realizó en 2014, y creo que nadie se ha interesado en probar el vuelo de un pollo desde entonces. Tal vez podrías intentarlo si tienes unos cuantos pollos en tu patio trasero.

Sin embargo, en defensa del pobre pollo, también descubrí que los pollos criados domésticamente están diseñados para que les crezcan pechos más grandes -ya sabes, para que los humanos tengan más carne para comer (ahora intenta no enfadarte)- y este peso extra en sus pechos les impide un vuelo adecuado.

El pollo doméstico desciende de la gallina selvática roja, un ave magnífica y bastante feroz. Vive en libertad y caza en el suelo, pero se posa en las copas de los árboles para protegerse de los depredadores. Lo has adivinado, la gallina selvática roja puede correr y volar bastante bien, a diferencia de su pobre prima, la gallina doméstica.

Un elefante no puede saltar.

Y menos mal, porque al ser el mamífero terrestre más grande, no creo que nos gustaran mucho las vibraciones de un elefante saltando. Un elefante adulto pesa alrededor de 16.000 libras (7.260 kilos) y es demasiado pesado para saltar. Incluso cuando corren a toda velocidad, nunca despegan las cuatro patas del suelo. Verás, al correr hay un momento en el que las cuatro o las dos patas de un animal o de un ser humano se despegan del suelo durante una fracción de segundo, en una especie de movimiento de salto. Basta con ver correr a Usain Bolt, el hombre más rápido del mundo, a cámara realmente lenta para darse cuenta de lo que quiero decir.

Por lo tanto, mi conclusión es que un elefante es en realidad un experto caminante y nunca corre realmente. Los caminantes potentes no levantan todos los pies del suelo al mismo tiempo, porque eso significaría que están corriendo. Además, con su enorme tamaño, el elefante no tiene motivos para huir despavorido. Podría simplemente pisotear a sus depredadores. Sin embargo, los elefantes que he conocido son criaturas muy mansas.

DATOS CURIOSOS SOBRE LA NATURALEZA

Me encantan las actividades al aire libre: correr por los campos, chapotear en los lagos, construir castillos de arena en la playa y acompañar a mi amigo humano en pintorescos paseos por la montaña. Nuestro planeta es ciertamente impresionante y proporciona a toda la asombrosa vida salvaje y a los humanos el hogar perfecto.

En mis aventuras, he recopilado muchos datos curiosos sobre la naturaleza que quiero compartir contigo para que entiendas lo especial que es nuestro planeta Tierra. Los animales, las plantas y el paisaje forman parte de la naturaleza y no de las estructuras creadas por el hombre. La naturaleza en estado puro es bella, feroz y totalmente fascinante.

Trivia sobre curiosidades de la naturaleza

Plantas marinas microscópicas

En 2011, la NASA se sorprendió al encontrar indicios de plantas marinas microscópicas, llamadas fitoplancton, que crecían bajo un trozo de hielo de un metro de grosor en el Ártico. De hecho, esta zona helada alberga el mayor crecimiento de plantas marinas microscópicas de todos los océanos del mundo. ¿No te parece que nuestro planeta es increíble? La NASA dice que la única razón por la que se produce este fenómeno es el efecto invernadero, que está adelgazando el hielo del Ártico y permitiendo que la luz del sol llegue y nutra a las plantas que crecen allí.

La flor más grande del planeta es la Rafflesia arnoldii.

Esta flor pesa unos impresionantes 9 kilos y alcanza a tener un metro de diámetro. ¡Imagínate el tamaño del florero que necesitarías para poner esta flor! Pero espera, aún hay más: la flor más grande del mundo es

también la más apestosa. Esta flor es una planta parásita que crece en otra planta (el huésped) y se alimenta de ella. Como la Rafflesia es tan grande, se asegura de que sólo crezca una planta en el huésped para que éste no se quede seco rápidamente. Esta planta crece en las selvas tropicales asiáticas y no puede sobrevivir demasiado bien fuera de ellas; por eso, los científicos hacen todo lo posible por proteger la especie y evitar que se extinga.

Fruta con semillas en el exterior

La única fruta con semillas en el exterior es la fresa. En promedio, una fresa tiene unas 200 semillas. ¿Tendrías la paciencia de contarlas? Los botánicos consideran que cada semilla es una fruta entera y afirman que las fresas pertenecen a la familia de las rosáceas. Para comprobar esta teoría, fui en busca de un arbusto de fresas y lo olí; acertaron de pleno, las fresas huelen tan dulce como las rosas.

La fruta más cultivada es la fresa, y en Estados Unidos, una persona media come unos dos kilos de fresas al año. La mayoría de los niños eligen la fresa como su fruta favorita.

De hecho, Estados Unidos produce la mayor cantidad de fresas del mundo; Oregón, Florida y California son los principales productores. Y aunque las fresas son ricas en nutrientes como vitamina C, fibra, antioxidantes y potasio, también pueden causar enfermedades graves si no se cultivan con cuidado.

Las fresas se han relacionado con la propagación de muchas enfermedades en los Estados Unidos, como la hepatitis A, el norovirus y el E-coli. Así que recuerda, debes tomar precauciones antes de comer fresas. Asegúrate de lavarlas bien y sólo compra fresas a vendedores de confianza.

Bueno, espero que hayas disfrutado de este capítulo en el que has aprendido lo maravilloso que es nuestro planeta y sus habitantes. A continuación, vamos a ver algunos datos interesantes sobre la biología humana.

Capítulo 3: La biología humana

¡Hola, amigo! Ha llegado el momento de aprender sobre tu propio cuerpo, cómo funciona y cómo crece. Te sorprenderán los hechos maravillosos que descubrí sobre el cuerpo humano. Y debo decir que, desde el punto de vista de un perro, son ciertamente asombrosos.

DATOS RÁPIDOS Y ASOMBROSOS SOBRE LA BIOLOGÍA HUMANA

¡El cuerpo humano emite un poco de luz!

Si bien es una cantidad demasiado pequeña como para verla, está

ahí. Sería correcto decir que el cuerpo humano brilla. Los niveles de luz producidos por el cuerpo aumentan o disminuyen según la hora del día. La luz es 1.000 veces menos sensible que el rango que pueden detectar tus ojos, por eso las personas no pueden ver la luz que les rodea. Los científicos no están muy seguros de la causa de esta luz, pero creen que es una reacción bioquímica causada por radicales libres.

Las reacciones bioquímicas se producen cuando hay reacciones dentro de las células del cuerpo. Los radicales libres son moléculas inestables que se encuentran en el organismo. Están constantemente buscando otras moléculas a las que unirse y a veces causan enfermedades y daños a las células.

¿Sabías que el cerebro humano está formado principalmente por agua?

Así es, casi el 75% de tu cerebro está formado por agua ("El cerebro humano", 2022).

El ombligo de una persona media contiene unos 67 tipos de bacterias.

Los científicos realizaron pruebas y descubrieron que mientras que los ombligos de algunas personas tenían unos 29 tipos de bacterias, otros tenían alrededor de 107. Al ser la parte menos limpia del cuerpo humano, el ombligo es un punto caliente y un centro de desarrollo de bacterias. Así que, recuerda lavarte el ombligo la próxima vez que te bañes.

La palabra "músculo" en latín se traduce como "ratoncito".

¿Sabes por qué? ¡Porque los músculos pequeños les recordaban a un ratoncito!

A través de la descamación, una persona pierde alrededor de 8,8 libras (4 kg) de células muertas de la piel cada año.

¿Y sabes qué? Hay trillones de ácaros del polvo en tu casa, todos comiendo las escamas de piel muerta que tú y tu familia dejan caer. La piel tiene varias capas, y la superior se llama "epidermis". La epidermis está formada por una sustancia llamada queratina, de la que también están hechas las uñas y el pelo. En otros animales, la queratina forma las pezuñas, el caparazón de las tortugas, las garras y los cuernos. Las células individuales de queratina se llaman "queratinocitos" y, a medida que crecen, las de arriba mueren y se caen.

Los nervios llevan información al cerebro, pero ¿cómo informan a éste del momento en que pisas un alfiler?

Pues bien, al igual que la fibra óptica transporta información a través de las líneas telefónicas a velocidades ultrarrápidas, tus nervios pueden enviar información a través de tu cuerpo a velocidades de 160 kilómetros por hora. ¿No es increíble?

En promedio, el corazón humano late más de 3.000 millones de veces a lo largo de toda la vida.

En un día, el corazón late unas 100.000 veces. ¿No es el corazón un órgano asombroso?

Una persona se tira un promedio de catorce pedos al día. (Quizá los perros un poco más...)

¿Sabías también que tus pedos son bastante rápidos y viajan a unos 3 metros por segundo? ¿A qué velocidad puedes tirarte un pedo y salir de una habitación antes de que te descubran?

Puede que tus dientes no sean tan afilados como los de un gran tiburón blanco, pero son igual de fuertes.

De hecho, tus muelas de juicio, las situadas en la parte de atrás, son tan fuertes como los dientes de los tiburones. Los científicos han descubierto que la capa de esmalte de los dientes humanos es muy similar a la de los dientes de los tiburones, por lo que son igual de fuertes.

¿Sabías que los perros no son los únicos que huelen muy bien los olores?

La nariz humana es capaz de olfatear y distinguir entre un billón de tipos de olores. ¿Cuántos olores puedes nombrar? Mi favorito es el olor del pan de plátano al horno.

Alrededor del 7-8% del peso de tu cuerpo procede de la sangre.

Una persona media tiene unos 5 litros de sangre en su cuerpo. Por eso, tu cuerpo puede arreglárselas para perder un pequeño porcentaje de sangre y sobrevivir hasta que se pueda hacer una transfusión. Sin embargo, perder más del 15% del volumen total de sangre puede provocar un shock.

Tu boca produce más de un litro, o quizá dos, de saliva en un día.

¿Quién crees que babea más, tú o yo? Bueno, la verdad es que los perros, sí, pero si recogieras toda la saliva que se forma en tu boca en un día, tendrías un litro, o quizá más.

Para saber cuánto mides:

Estira los brazos y mide la longitud desde la punta de los dedos de una mano hasta la punta de los dedos de la otra. Haz la prueba.

Yo intenté medirme desde la punta de la nariz hasta la punta de la cola, pero no era mi estatura correcta porque el método sólo funciona para las personas. Un bulldog francés sólo mide entre 11 y 13 pulgadas (entre 28 y 33 cm).

Por último, no se puede estornudar y tener los ojos abiertos al mismo tiempo.

Es un hecho probado. Durante el estornudo, se cierran, aunque sea por una fracción de segundo. Ahora bien, si haces un esfuerzo muy consciente para mantener los ojos abiertos mientras estornudas, sería posible, pero todo es un reflejo automático y sucede realmente rápido.

Trivia sobre Biología Humana

A ver cuántas preguntas eres capaz de responder. Por cada respuesta correcta, obtendrás un punto. Las respuestas están en la página siguiente. Toma papel y lápiz y ¡empecemos!

1. Verdadero o falso: El mayor porcentaje de polvo de tu casa está formado por piel humana muerta.

2. Sí o no: El ser humano adulto tiene 206 huesos, mientras que un bebé tiene 300.

3. ¿Una persona crece más en el espacio?

4. Nombra la sustancia más dura que se encuentra en el cuerpo humano.

5. Verdadero o falso: Durante el proceso de digestión de los alimentos, la temperatura del cuerpo aumenta.

6. ¿Qué tipo de sangre humana es el más raro?

7. ¿Por qué la vista se debilita con la edad?

8. ¿Qué parte del cuerpo se llama "pabellón auricular"?

9. ¿Continúan creciendo las orejas a lo largo de la vida?

10. ¿Verdadero o falso? Los neandertales tenían el cerebro más grande que los hombres modernos.

Bien, amigo, es hora de sumar puntos. En la página siguiente encontrarás las respuestas. Ten en cuenta que, a pesar de tu puntuación, sigues siendo un ganador porque leerás las respuestas y aprenderás más sobre el cuerpo humano. ¡Bien hecho!

Respuestas de la trivia

1. Verdadero o falso: El mayor porcentaje de polvo de tu casa está formado por piel humana muerta.

Falso. El polvo de tu casa se compone de muchas partículas diferentes. La piel humana muerta es una de ellas; otras son desechos de insectos, suciedad e incluso caspa de animales.

2. Sí o no: El ser humano adulto tiene 206 huesos, mientras que un bebé tiene 300.

Sí. Algunos de los huesos del cráneo de un bebé aún no están fusionados y se cuentan por separado. Por lo tanto, un ser humano adulto con el esqueleto completamente fusionado tendrá menos huesos que un bebé.

3. ¿Una persona crece más en el espacio?

Sí. La gravedad en el espacio hace que los discos cartilaginosos de la columna vertebral de una persona se expandan, haciéndola automáticamente más alta.

4. Nombra la sustancia más dura que se encuentra en el cuerpo humano.

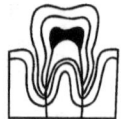

El esmalte dental. Recuerda que los dientes humanos son tan fuertes como los de un tiburón.

5. Verdadero o falso: Durante el proceso de digestión de los alimentos, la temperatura del cuerpo aumenta.

Cierto. El proceso de la digestión hace que el estómago y otros órganos trabajen más de lo normal, lo que provoca un mayor gasto de energía que, a su vez, aumenta la temperatura corporal.

6. ¿Qué tipo de sangre humana es el más raro?

AB negativo es el tipo de sangre más raro, ya que sólo un 1% de la población mundial lo tiene. ¿Sabes cuál es tu grupo sanguíneo? Pregúntaselo a tus padres.

7. ¿Por qué la vista se debilita con la edad?

Las lentes de tus ojos siguen creciendo y, a medida que crecen, se hacen más gruesas, lo que dificulta la visión a las personas que envejecen.

8. ¿Qué parte del cuerpo se llama "pabellón auricular"?

El pabellón auricular es el oído externo. La parte cartilaginosa parece una caracola.

9. ¿Continúan creciendo las orejas a lo largo de la vida?

Los huesos y los músculos dejan de crecer a partir de los 18 años (o antes en el caso de las chicas). Sin embargo, las orejas y la nariz están formadas por cartílago, que nunca deja de crecer. Por eso las personas mayores parecen tener las orejas y la nariz más grandes. Por supuesto, como las personas no tienen las orejas largas y caídas como los perros, no hay de qué preocuparse, porque el cartílago crece a un ritmo muy lento.

10. ¿Verdadero o falso? Los neandertales tenían el cerebro más grande que los hombres modernos.

Cierto. Los científicos han descubierto que los cerebros de los neandertales siguieron creciendo mucho después de alcanzar la madurez, de ahí que sean más grandes que los de los hombres modernos. Sin embargo, los científicos también están empezando a cambiar las teorías anteriores de que el hombre de Neandertal no era muy inteligente. El arte rupestre realizado por esta antigua especie está empezando a demostrar que los neandertales podrían haber sido más inteligentes de lo que realmente les atribuimos.

Espero que a ti también te haya gustado este cuestionario y que, de paso, hayas aprendido más cosas sobre tu propio cuerpo.

En el próximo capítulo vamos a aprender geografía mundial. He encontrado datos interesantes sobre los volcanes, el océano, el clima y mucho más. También te contaré una historia especial sobre una niña valiente llamada Tilly.

Capítulo 4: Geografía mundial

En este capítulo sobre la geografía mundial, verás lo diverso que es nuestro planeta; hay montañas muy altas como el Himalaya que son emocionantes y peligrosas de explorar. También hay formaciones maravillosas y hermosas como la Gran Barrera de Coral en el océano, y mucho más.

¿Empezamos?

DATOS SOBRE LAS MONTAÑAS

¿Sabes por qué los aviones no sobrevuelan el Himalaya?

Hay algunas zonas que los aviones deciden no sobrevolar, como el Himalaya, el Ártico y la Antártida. La mayoría de las veces no es porque nuestros aviones modernos no puedan ascender a esas altitudes;

simplemente deciden no hacerlo por motivos de seguridad.

En cuanto al Himalaya, por ejemplo, hay varias razones por las que es peligroso para los aviones.

El Everest tiene una altura de 8.848 metros, mientras que los demás picos de la cordillera alcanzan una media de al menos 6.000 metros. Muchos aviones comerciales pueden alcanzar los 9.000 metros de altura, pero para sobrevolar el Himalaya deben ascender a la estratosfera, lo que plantea muchos riesgos, como la disminución del oxígeno. Y si las máscaras de oxígeno bajan de repente debido a un peligro potencial en la calidad del aire dentro del avión, la aeronave debe descender a 10.000 pies, y en el Himalaya eso es un riesgo enorme (Curran, 2020).

Otra razón son las turbulencias en el aire. El radar del avión no siempre capta esta condición que, además, suele estar presente en las altas cordilleras. La turbulencia de aire despejado crea un clima frío que puede provocar la congelación del combustible del avión.

La escalada al Everest es todo un reto y muchos fracasan en su intento de alcanzar la cumbre.

Cada año, cientos de personas intentan el arriesgado ascenso al Everest. Sin embargo, el Himalaya no es amable con todo el mundo, y muchos fracasan en su intento de llegar a la cima del Everest.

Aunque muchos lo han conseguido, muchos otros han fracasado e incluso han perecido en las laderas de la montaña.

La gente se entrena durante meses antes de intentar escalar la montaña y, aun así, hay muchos peligros que hacen que las escaladas fracasen. La disminución del oxígeno en la atmósfera a medida que se asciende significa que las personas deben llevar tanques de oxígeno, o se asfixiarán y morirán de agotamiento. Las avalanchas repentinas (que se producen cuando una parte de la nieve que cubre la montaña se desploma) a veces cubren a equipos enteros de escaladores.

Según la información de la base de datos del Himalaya, la probabilidad de que alguien muera en el camino hacia la cumbre del Everest es de una de cada 100 personas. A veces, las personas que caen en apuros a mitad de la montaña no pueden ser rescatadas y, lamentablemente, se pierden para siempre para el mundo.

¿Por qué no pueden volar helicópteros al Everest?

Bueno, quizá te estés preguntando por qué no se puede enviar un helicóptero para rescatar a las personas que se meten en problemas mientras escalan el Everest. Al fin y al cabo, los helicópteros realizan muchas operaciones de rescate valientes, ¿verdad?

El hecho es que la densidad del aire a mayor altitud no ofrece suficiente sustentación a las aspas del helicóptero. Lo más alto que se puede llegar es al campo 2 del Everest, situado a 6.400,8 metros (21.000 pies). Así que, si alguna vez tienes problemas escalando el Everest, debes volver al campamento para que te rescaten.

¿Cuál es el nombre más largo que se ha dado a un lugar?

¿Puedes pronunciar este nombre?

Taumatawhakatangihangakoauauotamateaturipu-kakapikimaungahoronukupokaiwhenuakitanatahu. Tengo la lengua hecha un nudo por intentar pronunciarlo. Se trata del nombre de una colina de unos 300 metros de altura situada en la Isla Norte, en Nueva Zelanda. El lugar, ubicado en Porangahau, figura en el Libro Guinness de los Récords como el topónimo (nombre del lugar) más largo, con 85 letras.

Los indígenas de Nueva Zelanda, los maoríes, bautizaron esta colina en honor a un valiente guerrero llamado Tamatea que pasó una larga temporada en la colina sumido en la tristeza tras la muerte de su hermano. La colina fue bautizada en honor a este acto, y el nombre anterior es sólo una versión abreviada. Aquí está el nombre completo y el significado dado al lugar.

"*La cima donde Tamatea, el hombre de las grandes rodillas, el deslizador, escalador de montañas, el devorador de tierras que viajaba de un lado a otro, tocó su flauta nasal a su hermano amado*."

¡Menos mal que sólo me llamo Ronny the Frenchie!

TODO ACERCA DE LOS VOLCANES

Tuve que ponerme mi traje de aislación térmica para éste porque ¡hace mucho calor dentro de un volcán! Ahora déjame decirte que nadie puede entrar en un volcán activo sin quemarse, pero debido a mi cerebro súper poderoso, pude inventar mi traje aislante y explorar más. Esto es lo que descubrí:

¿Cómo se forman los volcanes?

Un volcán se forma generalmente por una abertura en la superficie de la Tierra. Los volcanes suelen estar en la cima de una cadena montañosa.

Tú sabes que el núcleo de la Tierra está formado por lava fundida caliente. Pues bien, la abertura en el volcán permite que esta lava caliente salga, así como otros gases que están atrapados bajo la corteza terrestre.

¿Son peligrosos los volcanes?

Sí, lo son. Los volcanes plantean muchas amenazas. Pueden destruir casas, cultivos y terrenos a lo largo de muchos kilómetros. Los científicos vigilan los volcanes activos y envían avisos de evacuación en caso de actividad repentina o amenaza de erupción.

Cuando un volcán entra en erupción, se produce un flujo de sustancias tóxicas muy calientes. El gas venenoso, las rocas

calientes, la lava fundida y la ceniza forman parte de una erupción volcánica. Esto se denomina "flujo piroclástico" y se desplaza a gran velocidad: ¡250 kilómetros por hora!

A veces la gente no puede escapar a tiempo y muere a causa de los flujos piroclásticos, aunque con la tecnología actual los científicos pueden emitir avisos a tiempo. Una erupción volcánica es difícil de predecir, pero hay algunas señales a las que prestar atención: terremotos y emisión de gases. Antiguamente, la gente no tenía tanta suerte y a veces ciudades enteras morían debido a la erupción repentina de volcanes.

Muchas personas viven muy cerca de un volcán, en lo que los científicos llaman "zona de peligro por proximidad". Se cree que unos 350.000 millones de personas viven muy cerca de volcanes, lo que, según mis cálculos, equivale aproximadamente a una de cada 20 personas.

Un volcán puede producirse en distintos lugares por diferentes motivos. El lugar más común para que se produzca un volcán es el punto de encuentro de las placas tectónicas de la Tierra.

¿Sabes qué son las placas tectónicas?

Las placas tectónicas son piezas de la corteza terrestre que se rompen y se juntan en puntos en los que los extremos rotos encajan, de forma similar a tu puzzle favorito. Los científicos también llaman a las placas tectónicas "placas de la corteza", y pueden encontrarse tanto en el océano como en tierra firme. A veces, estas placas están en constante movimiento y se desplazan a diferentes posiciones, atascándose debido a la fricción. En algunas ocasiones, las placas se despegan y se mueven, provocando así una liberación de energía que se desplaza por encima de la corteza terrestre y que causa terremotos o temblores.

A menudo se produce un volcán donde se juntan las placas tectónicas. Como las dos placas están simplemente pegadas y no fusionadas, se produce una abertura en el núcleo de la Tierra que provoca un volcán cuando la lava fundida y el gas empiezan a filtrarse por la grieta.

Dato rápido

¿Sabes lo caliente que puede estar la lava? 1.250 °C, o 2.282 °F ¡Eso es bastante caliente! Suficiente como para cocer un huevo y quemarlo en una fracción de segundo.

¿Sabías que hay dos cámaras de magma en el Parque Nacional de Yellowstone?

Una es poco profunda y está compuesta por un tipo de roca con alto contenido en sílice llamada "riolita". La cámara tiene una profundidad de entre 5 y 16 kilómetros, mide unos 40 kilómetros de ancho y 88 de largo y contiene aproximadamente un 15% de magma.

La cámara más profunda, por otro lado, está formada por un tipo de roca de bajo contenido en sílice denominada "basalto" y se extiende entre 19 y 48 kilómetros por debajo de la corteza superior. Aunque esta cámara es mayor que la poco profunda, la cantidad de magma que contiene es sólo del 2%.

Los volcanes se encuentran sobre todo alrededor del Océano Pacífico, en una zona que los científicos llaman el "Anillo de Fuego".

Los que rodean las islas hawaianas se conocen como "puntos calientes". Una vez visité las islas para asistir a un luau (una celebración tradicional hawaiana), iy vaya si disfruté de la fiesta!

La maldición de Pele es la razón por la que nunca debes llevarte roca volcánica a casa.

Pele es la diosa hawaiana del fuego y los volcanes, y maldecirá a cualquiera que se lleve la roca volcánica de su tierra. Todos los años, la oficina de correos hawaiana recibe muchos paquetes con roca de lava y arena, devueltos por personas que se los llevaron a casa y tuvieron muy mala suerte.

La peor erupción volcánica hasta la fecha es la del monte Tambora, en Indonesia.

Indonesia es un archipiélago (una cadena o grupo de islas en una misma zona). El monte Tabora, situado en la isla de Sumbawa, entró en erupción en 1815 y creó un cráter de más de 1.600 metros de profundidad. Un penacho (humo que se extiende en forma de pluma) de gas muy caliente y ceniza se elevó casi 45 kilómetros hacia el cielo, afectando a las islas circundantes, los cultivos y las casas de la zona.

INDONESIA

Otro dato interesante sobre Indonesia y los volcanes tiene que ver con el volcán Kawah Ijen, que se encuentra en la isla de Java. Por la noche, se puede ver un flujo de lava azul eléctrico que desciende por las laderas de la montaña. Pero, ¿adivina qué? No es lava en absoluto. El resplandor azul procede de los gases sulfúricos que entran en combustión al filtrarse por las grietas del volcán y combinarse con la atmósfera. El fenómeno es muy bello; algunas llamas brotan a cinco metros de altura.

EL OCÉANO

El bioma marino formado por océanos, arrecifes, corales y estuarios cubre casi tres cuartas partes de la superficie de la Tierra. Así es, nuestro planeta tiene más masas de agua que tierra. Pero aún más asombroso es el hecho de que casi el 85% de la vida vegetal del planeta se encuentra en el mar.

La Gran Barrera de Coral

El mayor sistema de arrecifes del mundo es la Gran Barrera de Coral de Australia. Es tan grande que aparece en imágenes de satélite tomadas desde el espacio.

El arrecife está situado frente a la costa de la soleada Queensland, en Australia, y dentro del Mar del Coral. Además, declarado Patrimonio de la Humanidad por la UNESCO, el arrecife tiene casi 2000 kilómetros de largo. En total, el arrecife tiene 217.261 kilómetros cuadrados y es la mayor estructura construida por organismos vivos: ¡el coral! ¿No es increíble?

El Mar Muerto

El Mar Muerto es en realidad un lago. Está situado entre Jordania e Israel y es un fenómeno bello y desconcertante. En el Mar Muerto no vive nada, salvo algunos tipos de algas y microorganismos. El agua es diez veces más salada que la del mar. El Mar Muerto se forma por el agua que fluye hacia él desde el río Jordán. Sin embargo, al no tener salida al mar, el agua no puede fluir hacia ningún otro lugar una vez que llega al Mar Muerto.

Debido al clima muy caluroso de la región, el agua empieza a evaporarse y deja minerales y sal que hacen que el agua restante sea muy salada. Los científicos dicen que hay unos 37.000 millones de toneladas de sal. El alto contenido en sal y minerales convierte al mar Muerto en un balneario muy popular. Mucha gente cree en sus poderes curativos y, al visitar el mar Muerto, se pueden ver muchas personas con barro del lago frotado por todo el cuerpo. Yo también lo probé y me dejó el pelo suave y liso.

Otra súper característica de este lago tan salado es que puedes flotar en el agua de forma natural. Sí, ¡no te hundirás! El alto contenido en sal hace que el lago sea muy flotante y, por eso, se puede flotar sin hundirse.

La montaña más alta del... ¿mar?

Ya sabes que el Everest es la montaña más alta del mundo, pero ¿has oído hablar del Mauna Kea?

Se dice que el Everest es la montaña más alta del mundo porque tiene una altura de 8.848 metros sobre el nivel del mar. El Mauna Kea tiene una altura de 4.205 metros sobre el nivel del mar, por lo que es más baja, ¿verdad? Pues no.

¿Sabías que Mauna Kea, que sobresale del Océano Pacífico, es un antiguo volcán que pertenece a Hawai? Esta isla montañosa volcánica se formó hace más de un millón de años cuando las placas tectónicas se movieron sobre el lecho oceánico. Así que lo que se ve es sólo la mitad de la montaña que sobresale del océano; el resto se encuentra por debajo del nivel del mar. Además, si se mide la montaña desde el fondo del océano hasta su cima, tiene la asombrosa altura de 9.966 metros - por encima del Everest. Mauna Kea es en realidad la montaña más alta de la Tierra (Dickerson, 2015).

Volcanes en el océano

Los volcanes se encuentran en tierra firme y en el fondo del océano, pero aquí viene lo mejor: ¡un volcán puede entrar en erupción incluso bajo capas de hielo muy frías! Los volcanes en el mar se llaman "volcanes submarinos", y casi dos tercios de los volcanes de la Tierra se encuentran bajo el mar.

La historia de la valiente Tilly Smith: ¡la niña que gritó tsunami!

Oí hablar de la encantadora Tilly Smith durante mis viajes por Inglaterra, y permíteme contarte su asombrosa historia de valentía y percepción.

Era el día después de Navidad (26 de diciembre) de 2004 y la joven Tilly Smith, de 10 años de edad, estaba de vacaciones en Tailandia. Ese día, la familia disfrutaba de un paseo matutino cálido y soleado por la playa de Mai Khao, en la isla de Phuket.

Sin que el resto de su familia se diera cuenta, Tilly vio que las olas retrocedían, se alejaban de la orilla y había espuma en el mar, como cuando la gente se sirve un vaso de cerveza. Tilly vio todo aquello y recordó la clase de geografía a la que había asistido hacía apenas dos semanas en el colegio de Inglaterra, en la que habían proyectado a los niños una película sobre un tsunami que tuvo lugar en Hawai en 1946.

Oye, pensó Tilly, *esta playa de Tailandia se está comportando igual que la de la película*. De repente, la niña se dio cuenta de que se iba a producir un tsunami y gritó a su familia que abandonara la playa. Por supuesto, su madre no la creyó, pero al final su padre sí y convenció al personal del hotel para que metieran a la gente en casa.

¿Y saben qué? Instantes después, se vio una ola de nueve metros de altura que se dirigía a toda velocidad hacia la costa. La gente llegó hasta el segundo piso del hotel y se salvó. De hecho, la playa de Mai Khao no tuvo víctimas gracias a la valiente actuación de la joven Tilly.

Más tarde, Tilly recibió un premio especial Thomas Gray por haber salvado la vida de casi un centenar de personas. ¿No es increíble? Tilly es el ejemplo perfecto de prestar atención a lo que se aprende, porque nunca se sabe cuándo una información importante puede ayudarte a tomar una decisión que salve vidas.

DATOS CURIOSOS SOBRE EL CLIMA

Desde que un rayo me hizo crecer el cerebro, me fascinan los fenómenos meteorológicos. Es fascinante, aterrador y fantástico, todo al mismo tiempo. ¿Te encantan las tormentas o prefieres esconderte bajo las mantas durante una? Conozco a un cachorro que suele meterse debajo de la cama cada vez que a un relámpago le sigue el estruendo de un trueno. Entender cómo funciona el clima es una forma de dejar de tenerle miedo. Así que prepárate para alucinar con estos extraños datos meteorológicos que he reunido para ti.

¡Las tormentas de arena podrían cubrir una ciudad entera!

Las tormentas de arena suelen producirse en los países desérticos, también llamados Oriente Medio.

Sin embargo, países como China también experimentan tormentas de arena repentinas. Algunas tormentas de arena pueden producirse a unos 300 pies de altura (91 metros) y tragarse ciudades enteras. Bastan unos minutos para que una tormenta de arena cubra todo a su paso.

Un alud de lodo es un fenómeno natural muy peligroso que puede llevarse todo lo que encuentre a su paso.

Incluidos árboles, rocas, casas y vehículos. Los aludes de lodo, también llamados deslizamientos de tierra, suelen producirse después de fuertes lluvias, cuando la disposición de la ladera cambia y las corrientes de agua que vienen de su interior hacen que partes de ella se desprendan y caigan. Toda la superficie de un talud puede deslizarse y arrasar con todo lo que encuentre a su paso.

Es probable que tu casa reciba más visitas de arañas en cuanto empiece a hacer buen tiempo en otoño.

Esto ocurre porque, a medida que los días se acortan, los insectos se vuelven más sensibles al clima. Las arañas son sensibles a los cambios de luz y la utilizan para calibrar los cambios meteorológicos. Por eso, cuando los días son más cortos y hay menos luz, las arañas se preparan para la llegada del invierno y se instalan en casa para crear un cómodo nido.

Hay un viejo mito que dice que una tela de araña más grande indica que se acerca el otoño y que las temperaturas van a empezar a bajar. Aunque este mito aún no se ha demostrado, los entomólogos sí lo saben: una araña, como la mayoría de los insectos y los humanos, predice los patrones meteorológicos a través de la luz, pero a diferencia de nosotros, muchos insectos tienen más de dos ojos. Las arañas tienen dos ojos adicionales situados en la parte superior de la cabeza, llamados "ocelos". A través de la luz, la información pasa de estos ojos al cerebro de la araña, indicándole que hará más frío.

Dato rápido

¿Qué es un entomólogo?

Es un científico que estudia los artrópodos. Algunos entomólogos lo hacen como hobby y otros como profesión. De cualquier modo, todos realizan un trabajo muy importante estudiando los ciclos vitales y los hábitos de los insectos, arácnidos y otros artrópodos, ya que son muy importantes para nuestro planeta.

Una ola de calor muy fuerte puede incluso hacer que se doblen las vías del tren.

Es verdad. Viajar en tren en condiciones de calor extremo puede ser peligroso porque las temperaturas altas pueden hacer que las vías del tren se deformen y se doblen. El calor hace que las vías de acero se dilaten y se conviertan en lo que yo llamo espaguetis. Por eso, para garantizar la seguridad de los pasajeros, los trenes reducen su velocidad cuando viajan en climas extremadamente calurosos, lo que puede provocar enormes retrasos en los horarios.

Un rayo puede producir mucho calor.

Lo sé porque a mí me cayó un rayo encima. Este fenómeno se produce porque el aire no puede conducir el calor adecuadamente y se calienta muy rápido en cuanto lo atraviesa un rayo. Los investigadores afirman que la temperatura de un rayo puede alcanzar los 50.000 °F (27760 °C), es decir, más que la superficie del sol.

Nuestro planeta experimenta unas 2.000 tormentas eléctricas cada minuto.

No debes alarmarte ahora porque estas tormentas eléctricas no se producen todas en el mismo lugar, sino que están repartidas por todo el planeta. Esto significa que en un momento dado se está produciendo una tormenta eléctrica en muchas partes del mundo.

¿Sabes cómo se producen las tormentas? Para que se forme una tormenta, tiene que haber una atmósfera inestable y, para que se produzca, deben darse diferencias bruscas de temperatura y una corriente de convección. Las corrientes de convección se producen cuando grandes masas de aire cálido y húmedo que contienen agua vaporizada se abren paso hacia la atmósfera a través de una barrera de aire frío. A medida que el aire caliente se abre camino hacia la atmósfera, crea bolsas que se llenan de aire frío y más denso. Esta combinación de presiones hace que se formen nubes de tormenta que dan lugar a las tormentas eléctricas.

Un incendio forestal puede crear un tornado de fuego llamado "remolino de fuego".

Cuando un incendio forestal arde con fuerza, puede crear su propio viento, que a su vez provoca la formación de tornados, o remolinos de fuego, que los científicos denominan "torbellino de fuego". Pueden ser muy altos y arder a una temperatura elevada de unos 1.994 °F (1.090 °C).

De hecho, a veces se puede ver un remolino de fuego en miniatura en una hoguera o incluso en una pequeña fogata. Así que, la próxima vez que te sientes en un campamento, asegúrate de mirar hacia el fuego, y puede que veas un mini remolino de fuego. Otros nombres que la gente utiliza para describir un remolino de fuego son "tornado de fuego", "demonio de fuego" y "remolino de fuego". Presta atención a las noticias la próxima vez que oigas hablar de un incendio forestal arrasador, puede que escuches a los bomberos describiendo un remolino de fuego que se está produciendo. Genial, ¿verdad?

A continuación, exploremos los distintos continentes de la Tierra. Mis aventuras por el mundo me han enseñado tanto sobre las culturas de nuestro maravilloso planeta que quiero compartir los detalles contigo. He caminado por selvas tropicales, me ha perseguido un avestruz furioso en las llanuras de África y he conocido a un brujo muy interesante que quería convertirme en su ayudante. Vamos a conocer a la gente que vive en tierras lejanas y sus culturas y tradiciones, tan diferentes de las que puedes estar acostumbrado en casa.

Capítulo 5:  Exploremos  los fascinantes  continentes del mundo

El mundo está dividido en siete continentes, o áreas que contienen todos los países del mundo. Debido a la situación geográfica de cada continente, existen diferencias en el clima, el medio ambiente, la fauna, la flora y la gente. Cada continente tiene características únicas, además de las culturas tradicionales que se practican en cada uno de los países dentro

del continente. Mi sueño es ser explorador y conocer las diferencias.

¿Sabías que antiguamente la gente creía que el mundo era plano y que los barcos que navegaban hasta el borde del Atlántico se caían de la Tierra? Eso fue hasta que Cristóbal Colón, procedente de España, en el continente europeo, descubrió Norteamérica y la llamó El Nuevo Mundo.

¿Estás preparado para emprender conmigo una aventura por los siete continentes? Empecemos por recordar los seis continentes del mundo.

1. América
2. África
3. Europa
4. Asia
5. Australia
6. Antártida

¿Sabías que?

El nombre "América" procede de un famoso navegante italiano llamado Américo Vespucio.

Fue uno de los primeros exploradores europeos en viajar al Nuevo Mundo, que es como se llamó el continente americano tras su descubrimiento por Cristóbal Colón. Al principio, sólo el sur se llamaba América, pero pronto toda la masa continental recibió el nombre de "América".

EL CONTINENTE AMERICANO

Comencemos con América del Sur, la parte sur del continente americano. Es una maravillosa mezcla de culturas y, al igual que Asia, alberga una población muy diversa.

Sus habitantes son amables y amantes de las celebraciones. Las playas son de las más bonitas del mundo, y explorar la selva es una aventura emocionante, con el río Amazonas como fuente de aventuras y peligros. Además, el clima es cálido y soleado, a veces muy pegajoso y caluroso, pero todo forma parte de la aventura.

Como en esta parte del continente hay muchas naciones, existe una interesante diversidad de culturas y comidas. Muchas lenguas diferentes y numerosas tradiciones antiguas y tribus ancestrales, como los incas, hacen de Sudamérica uno de los lugares más fascinantes y emocionantes del mundo para explorar.

La cultura de Sudamérica es muy antigua y diversa. Es una vibrante mezcla de tribus que existían antes de que los europeos llegaran al continente. Los indígenas, que son una hermosa mezcla de inmigrantes de Asia y Europa, así como de africanos traídos como esclavos, han aportado un montón de coloridas tradiciones y culturas.

Esta mezcla de culturas se refleja en muchos aspectos. Uno de mis favoritos es la comida. Se puede pasear por Sudamérica probando la variedad de comida y descubriendo nuevos platos en cada país.

También puedes ver muchas diferencias culturales en la música, los festivales, la arquitectura y las religiones de Sudamérica.

He recopilado una lista de datos sorprendentes sobre Sudamérica para ayudarte a entender mejor el continente.

Datos curiosos sobre Sudamérica

En Paraguay no hay timbres.

Una vez me quedé fuera de la casa de un amigo en Paraguay, bajo una lluvia torrencial, buscando un timbre. No había ninguno. Incluso intenté ladrar, ¡pero nadie abrió la puerta! ¿Sabes lo que tendría que haber hecho?

Debería haber aplaudido. Así es, aplaudir un par de veces es una forma tradicional que tienen las visitas de anunciar que están en la puerta. Verás, en Paraguay las casas se encuentran dentro de un recinto rodeado por un muro y una puerta. Los visitantes nunca deben entrar, aunque la puerta esté abierta. Deben aplaudir durante unos 4-5 segundos para anunciarse.

Sudamérica alberga la cadena montañosa más larga del mundo.

Los Andes se extienden a lo largo de 6.000 km desde el norte hasta el sur de América Latina (otro nombre de Sudamérica).

Los Andes atraviesan siete países: Perú, Venezuela, Bolivia, Ecuador, Argentina, Chile y Colombia.

La altura media de la cordillera es de 4.000 metros.

Dato rápido

Aunque los Andes parezcan grandes, su tamaño es insignificante comparado con la cordillera más ancha del mundo. Situada en el fondo del océano, la Dorsal Meso atlántica tiene la gigantesca longitud de 40.000 millas (64.300 km). La altura media de su pico es de 4.200 metros y se eleva desde el fondo del océano.

Sudamérica cuenta con un total de 12 países, ¡pero se hablan muchas lenguas!

Hay 12 países en América del Sur: Argentina, Bolivia, Brasil, Chile, Colombia, Ecuador, Guyana, Paraguay, Perú, Surinam, Uruguay y Venezuela; sin embargo, allí se hablan más de 400 lenguas.

En Sudamérica, nadie entiende los ladridos, salvo los perros latinos que conocí allí. Menos mal que entiendo el lenguaje humano, porque se han registrado 450 lenguas en toda la zona. Esto convierte a Sudamérica en la zona con mayor diversidad lingüística del mundo.

- El portugués y el español son las lenguas más habladas.
- El inglés, el italiano, el alemán, el árabe, el neerlandés, el japonés, el chino y el ucraniano son otras lenguas

también habladas en Sudamérica.

- Además, se hablan muchas lenguas indígenas. Las más populares son el quechua, el guaraní y el aimara.
- El quechua se difundió ampliamente en la época de los incas.

¿Qué significa "lingüística"?

La lingüística es el estudio del lenguaje humano, su evolución y su aplicación.

Bolivia no tiene McDonald's.

Por sorprendente que parezca, en Bolivia no hay ningún McDonald's. Sin embargo, en una época hubo restaurantes McDonald's en el país. El primero se abrió en La Paz en 1997. Al principio, mucha gente se entusiasmó con la llegada de McDonald's a Bolivia y formaron largas colas para entrar.

En 2002, se cerraron definitivamente todas las sucursales. Las razones son varias. Una es que la gente prefería la comida local al Big Mac. Esto se debe a que la preparación y el consumo de alimentos es casi sagrado y una práctica muy higiénica con atención a cada ingrediente que entra en una comida. Por desgracia, McDonald's no pudo competir con este asombroso amor por la comida.

La capital más alta del mundo está en Sudamérica.

La Paz, capital de Bolivia, se encuentra a 3.650 metros de altitud. Sin embargo, el título no está del todo claro porque La Paz está clasificada sólo como sede del gobierno, mientras que la capitalidad oficial del país se otorga a la ciudad de Sucre, situada a sólo 2.810 metros.

La capital de Ecuador, Quito, situada a 2.850 metros de altitud, es la segunda capital más alta. (O la primera, si no se cuenta La Paz como capital oficial).

¿Sabías que?

Brasil es uno de los países con mayor diversidad cultural de Sudamérica. Las fronteras de Brasil están rodeadas por 9 de los 12 países de Sudamérica. Salvo Ecuador y Chile, Brasil está rodeado por todos los demás países del área sur del continente americano.

Los ñoquis se comen el 29 de cada mes en Argentina.

La tradición de comer ñoquis el 29 de cada mes comenzó con los inmigrantes italianos que llegaron a Sudamérica en el siglo XIX. Según la tradición, se coloca dinero debajo de un plato de ñoquis como símbolo de buena suerte. La mayoría de los restaurantes argentinos tienen ofertas especiales para todos los platos de ñoquis que se sirven el día 29, ¡así que no olvides consultar el menú si visitas el país en tus próximas vacaciones!

Las islas Galápagos, en Sudamérica, inspiraron a Darwin para escribir su teoría de la evolución.

¿Qué sabes de las increíbles Islas Galápagos?

Las islas son un archipiélago situado frente a la costa del soleado Ecuador, popular por su enorme y diversa variedad de animales y plantas que prosperan en tierra y mar. La vida silvestre de las Islas Galápagos es asombrosa. Hay más de 500 especies de peces y muchas especies endémicas únicas y en peligro de extinción. Cada vez que visito las islas, me siento abrumado por la diversidad de fauna y flora, que hacen de este lugar uno de los entornos naturales más maravillosos del mundo. Debido a sus especiales cualidades, casi el 97% de las islas son consideradas parque nacional, y el mar que las rodea está marcado como Biosfera por la UNESCO.

Como puedes ver, el mundo es un lugar asombroso y diverso. Queda mucho por aprender.

Dato curioso

La isla de Tristán da Cunha aceptaba antiguamente las patatas como moneda. Situada en el Atlántico Sur, esta isla se encuentra en un lugar tan remoto que la gente valoraba tanto las patatas que las utilizaban como moneda no oficial.

NORTEAMÉRICA

Continuemos, entonces, con la parte norte del continente americano. ¿Sabías que se dice que está habitado desde hace más de 30.000 años? Los pueblos indígenas de Norteamérica son los nativos americanos, que vivían allí antes de la llegada de los europeos. Estaban formados por más de 500 tribus. Los navajos, los cheroquis, los sioux, los chippewa, los pies negros y los apaches constituían la mayoría de la población.

Tras el descubrimiento del "Nuevo Mundo" por Cristóbal Colón en 1492, comenzó la colonización europea de Norteamérica, y las tribus nativas empezaron a perder la mayor parte de su territorio y se vieron obligadas a vivir en reservas designadas para ellas.

Hoy en día, los Estados Unidos es una de las naciones más poderosas del mundo y, a pesar de muchas luchas y guerras -incluida la Guerra Civil (1861-65), que enfrentó a las regiones del norte y del sur de Estados Unidos en un intento de acabar con la esclavitud en el sur-, la nación ha aprendido a vivir respetando los derechos y las culturas de las diversas etnias que consideran a Estados Unidos su hogar.

Datos divertidos sobre Norteamérica

A los norteamericanos les encanta la pizza.

El país come una media de 4000 metros cuadrados de pizza al día, lo que equivale a la alucinante cifra de 350 trozos cada segundo. Bueno, en Francia diríamos: " ¡Bon Appetit! ¡Disfruten de su pizza!". (Silly Facts, 2015).

El Empire State Building es tan grande que tiene su propio código postal.

Es 10118, por si quieres enviar una carta a alguien de allí. Tiene 2,8 millones de pies cuadrados (853.000 metros) que se ofrecen en alquiler, y el edificio alberga muchas oficinas de prestigio, como LinkedIn y Shutterstock.

Hay un observatorio en la planta 102, y si tuvieras que subir las escaleras, ¡tendrías que subir 1.872 escalones! Uf, ¡me mareo de sólo pensarlo! Pero la buena noticia es que el edificio tiene más de 70 ascensores para llegar a la cima sin problemas.

El parque nacional más grande del continente está en Canadá.

El Parque Nacional de Wood Buffalo tiene 44.807 km² y es más grande que Suiza.

México introdujo el cacao en el mundo.

Me alegro de que lo hicieran. Antiguamente, el cacao se consideraba tan valioso que se utilizaba como moneda. Las tribus indígenas lo utilizaban para el trueque, mientras que los aztecas, que vivían en los alrededores de México antes de que los españoles tomaran el poder en el siglo XVI, elaboraban una bebida de cacao especial, bastante amarga, que se reservaba sólo para el Emperador. Me alegro de no haber sido emperador azteca: ¡me gusta el chocolate dulce!

¿Sabías que?

Groenlandia es autónoma (un país independiente), pero figura como parte de Norteamérica y es también la isla más grande de ese continente. Sin embargo, geopolíticamente, Groenlandia pertenece a Europa porque está situada muy cerca del continente europeo. Además, se considera parte del Reino de Dinamarca, aunque es bastante autónoma, y la clasificación no incluye a Groenlandia en la moneda ni en la política exterior de Dinamarca. La isla lleva más de 5.000 años poblada por personas procedentes de Europa y de la zona ártica. Es una isla independiente, a pesar de que su ubicación la hace formar parte de diferentes regiones por distintos motivos.

EL CONTINENTE AFRICANO

África es el segundo continente más grande del mundo. Si no fuera por una estrecha franja de tierra en el norte de África que conecta el continente con Asia, África sería una masa de tierra totalmente independiente. En el continente africano hay 48 países y seis naciones insulares.

Dato rápido

África tiene muchos atractivos para los visitantes, como sus hermosas playas y sus fascinantes habitantes. Esto lo convierte en uno de los continentes más misteriosos y carismáticos del mundo, y muchos exploradores lo visitaron en el pasado.

El explorador más famoso de África fue el Dr. David Livingston. Amaba tanto África que, aunque su cuerpo está enterrado en la Abadía de Westminster, en Inglaterra, ¡su corazón está enterrado en África, bajo un hermoso árbol Mvula!

¿Por qué es famosa África?

África alberga ciudades y culturas antiguas

África alberga algunas de las culturas y ciudades más antiguas del mundo. Explorar lugares como Egipto y Marruecos es una maravillosa aventura llena de misterio y lugares exóticos.

¿Sabes que una vez encontré una alfombra voladora en una vieja y polvorienta tienda de Marruecos? Quizá fuera la que utilizaba Aladino. Por supuesto, hoy en día no se pueden encontrar alfombras voladoras en ninguna tienda de África. A menos, claro está, que seas un genio bulldog con superpoderes. Si te gustan la historia y el patrimonio, no puedes dejar de visitar Marruecos. Allí hay tantos lugares declarados Patrimonio de la Humanidad por la UNESCO que es un tesoro de maravillas.

Principales lugares Patrimonio de la UNESCO en Marruecos

1. En la Medina de Fez, fundada en el siglo IX, está la universidad más antigua del mundo.

2. La antigua ciudad de Meknes, fundada en el siglo XI, es un lugar fascinante para aprender más sobre las influencias española y árabe en Marruecos.

3. En la medina de Marrakech hay numerosas mezquitas, palacios y fuertes antiguos que se construyeron durante la década de 1070, cuando se fundó la medina. La Medina es una ciudad norteafricana rodeada por una muralla.

Tribus y culturas exóticas

Muchos turistas visitan tribus africanas para ver cómo viven sus habitantes según tradiciones ancestrales. A continuación, te presento cuatro de las tribus africanas más tradicionales que te resultará fascinante conocer:

La tribu himba, que vive en el noroeste de Namibia.

Puedes identificar a los himba por el color de su piel. Es de un rojo intenso debido al Otijize, el ocre rojo que se frotan para protegerse del sol. Los himba son seminómadas, lo que significa que se asientan en un lugar para cultivar y sólo viajan durante determinadas estaciones.

Los masai de Tanzania y Kenia.

Se les conoce como guerreros y sólo permanecen en un lugar durante un corto periodo de tiempo. Miden su riqueza por el número de cabezas de ganado que poseen.

La fascinante tribu zulú de Sudáfrica

La mayor de todas las etnias sudafricanas y la más conocida- es famosa por su Shakaland, una réplica de una vivienda tradicional zulú conocida como Umuzi. Es una copia de la aldea del mundialmente famoso jefe zulú, Shaka Zulú, que nació en la provincia de KwaZulu

Natal. En Shakaland se puede aprender más sobre el pueblo zulú, participar en sus danzas y formar parte de coloridas celebraciones tradicionales.

Los colores y los símbolos son un importante modo de comunicación entre las tribus de África, especialmente entre los zulúes. Por ejemplo, la pintura facial que llevan las tribus es de diferentes tonos de negro, rojo, gris, morado, azul y más. El morado simboliza la realeza, mientras que el negro indica maldad y misterio, y lo suelen llevar los brujos. Los símbolos se utilizan para contar una historia y son un indicio de la historia de una familia tribal. Además, estos símbolos sirven para recordar las luchas, los triunfos y la valentía por los que han pasado esas familias.

Los samburu viven en el norte de Kenia.

Esta tribu es conocida por ser una de las más amistosas. Están emparentados con los masai, pero aún conservan su vestimenta tradicional y su modo de vida, en el que el ganado es su principal fuente de ingresos, a diferencia de los masai, que se han modernizado adoptando un tipo de vestimenta más occidental y buscando empleo fuera de su hogar.

ÁFRICA Y SUS MARAVILLAS NATURALES

La magnífica situación geográfica de África ha dotado al continente de muchas maravillas naturales. Me quedé asombrado al ver la belleza de este enorme continente. Algunas de las maravillas que vi fueron:

- El elefante africano - el animal terrestre más grande del mundo. Sólo se encuentra en el continente africano.

- Cuatro de los animales terrestres más rápidos del mundo: guepardo. ñu. gacela de Thomson. león

- El desierto más antiguo del mundo: el desierto de Namibia. Allí están las dunas de arena más altas del mundo.

- El río más largo del mundo: el Nilo.

- La catarata más grande del mundo: las cataratas Victoria.

- El tercer desierto más grande del mundo: el Sáhara.

- El segundo cañón fluvial más grande del mundo: el Fish River Canyon (el primero es el Gran Cañón, en Estados Unidos)

- El mayor delta interior del mundo: el delta del Okavango.

DATOS BREVES SOBRE ÁFRICA

1. El café fue descubierto por primera vez por Kaldi (850 d.C.), un pastor de cabras etíope que se dio cuenta de que sus cabras se ponían juguetonas y no querían dormir por la noche después de comer las bayas de cierto árbol. El café de la marca Kaldi es famoso en todo el mundo.

2. Un año dura 13 meses en Etiopía. Los 12 primeros meses tienen 30 días, mientras que el 13° mes sólo tiene 5 días, o 6 cada año bisiesto.

3. Sudán alberga más pirámides que Egipto. Sudán tiene más de 200 pirámides, mientras que Egipto tiene 138.

4. Una familia rashaida media de Sudán posee entre 50 y 70 camellos. Se consideran bienes importantes que sirven de alimento, transporte y también mascotas en los hogares Rashaida.

5. El país más caluroso del mundo es Malí, en África Occidental.

CONTINENTE EUROPEO

Hay 44 países en el continente europeo, hogar de algunas naciones muy fascinantes y diversas. Dado que las culturas y tradiciones de las naciones europeas son tan diversas, he pensado que podrías aprender un poco sobre ellas a través de estos datos interesantes que he reunido para ti. ¡Disfrútalos!

Según una vieja superstición alemana, da mala suerte desearle a alguien "feliz cumpleaños" por adelantado...

¡Menos mal que me enteré antes de visitar a mi amigo Axle por su cumpleaños!

Ah, y otra más de Alemania: tápate la boca cuando bostezas, o un demonio puede invadir tu alma.

En Grecia, la mayoría de las estructuras antiguas están pintadas de un azul turquesa brillante. ¿Sabes por qué?

Los griegos creen que este color aleja el mal de ojo.

En Grecia no se saluda con la palma de la mano mirando a la persona con los dedos abiertos, ya que este gesto se considera un insulto.

Bueno, para estar seguro, lo único que hago es mover la cola para saludar y despedirme.

¿Sabías que el lugar más popular y visitado de Europa es el Museo del Louvre de París?

Sí, y es el hogar de la Mona Lisa, un hermoso y famoso cuadro de Leonardo Da Vinci, un artista italiano.

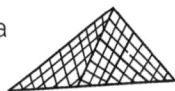

Dato rápido

El país más pequeño del mundo es la Ciudad del Vaticano. Está situada dentro de la ciudad de Roma, en Italia. Es una ciudad-estado independiente.

¿Sabes dónde se vende más chocolate en el mundo?

Chocolate

En el aeropuerto de Bruselas (Bélgica), por supuesto, porque el chocolate belga es muy fino. Cada año se venden más de 800 toneladas.

Cortar el césped el domingo es ilegal en Suiza.

Si estuvieras en Suiza y tu madre te pidiera que cortaras el césped un domingo, podrías decirle: "No, mamá, es ilegal". Cortar el césped un domingo es ilegal, al igual que lavar la ropa y tenderla, lavar el coche e incluso intentar construir algo. Esto se debe a que el domingo es un día de descanso, y nadie quiere vecinos ruidosos cortando el césped. Ahí es donde yo quiero estar los domingos: descansando sobre un precioso césped verde con un gran vaso de limonada.

CURIOSIDADES GASTRONÓMICAS DE EUROPA

Las patatas fritas son belgas, no francesas. Los historiadores han encontrado pruebas de que en Bélgica ya se freían patatas en el siglo XVII. La moda comenzó cuando los aldeanos de un lugar llamado Valle del Mosa empezaron a cortar y freír patatas cuando ya no podían pescar durante los meses de invierno.

¿Sabías que los soldados estadounidenses destinados en Bélgica comieron patatas fritas por primera vez durante su estancia allí? Además, debo decirte que el único Museo de la Patata Frita del mundo se encuentra en Bélgica. Se llama Frietmuseum y puedes encontrarlo en Internet. Por cierto, ilos franceses y los belgas siguen discutiendo sobre quién inventó las deliciosas patatas fritas!

AUSTRALIA, LA TIERRA DE LAS PROFUNDIDADES

El continente australiano es el único que alberga un solo país: Australia. Es uno de los continentes más fascinantes del planeta, con una gran diversidad de paisajes y animales realmente extraños, llamados "critters" por los lugareños.

El inglés es el idioma oficial, aunque los australianos tienen su propia jerga para ciertas palabras.

Veamos algunas para la próxima vez que visites el continente y quieras decir algo más que "¡Buenos días, colega!".

1. Cake hole - boca; tiene sentido, ¡porque qué mejor manera de recordar boca que cake! (que significa torta en inglés)

2. Sheila - una mujer

3. Bush telly - no se trata de ver la televisión tradicional, sino de disfrutar del entorno mientras acampas: el inmenso cielo abierto, las estrellas, los arbustos circundantes y la hoguera.

4. Roo - canguro; cuidado, esos tipos saltarines están por todas partes

5. Bikki - bizcocho

Si crees que los australianos hablan raro, echa un vistazo a estos datos interesantes.

Hay más canguros que humanos en Australia.

Según un estudio de 2019 del Gobierno australiano, hay 50 millones de canguros y solo 25 millones de personas (Canguros, 2019).

Los billetes en Australia son resistentes a la humedad.

Son impermeables y mucho más limpios en comparación con los de otras naciones. Ah, y son más difíciles de falsificar.

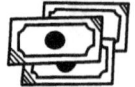

Los indígenas de Australia se llaman aborígenes.

Los estudios de ADN han demostrado que son una de las civilizaciones conocidas más antiguas del mundo.

Sus antepasados se remontan a unos 75.000 años.

El arte aborigen es hermoso y único; los dibujos se crean mediante un sistema de puntos de colores.

La tierra del Kiwi, que conocemos mejor como Nueva Zelanda, situada junto al continente australiano, es totalmente hermosa. Nueva Zelanda, ubicada en el océano Pacífico Sur, forma parte de Oceanía.

Cuando lo visité, pude ver que había muchas ovejas. Así que pregunté, conté y descubrí que en Nueva Zelanda hay más ovejas que personas. De hecho, la proporción es de cinco a seis ovejas por cada persona cuando se contó por última vez en enero de 2019 (Joe, 2021). Me pregunto si habrá vacantes para perros pastores.

ANTÁRTIDA

He visitado este continente y déjame decirte que es el más frío y ventoso de la Tierra. Además, es enorme porque tiene una superficie de 5,5 millones de millas cuadradas (14,2 millones de km²).

A poco de empezar a explorar, se me congelaron los bigotes y tuve que parar a tomar un chocolate caliente cerca de un grupo de pingüinos muy simpáticos que me invitaron a nadar con ellos. Les dije que no, por supuesto, ¡porque no quería congelarme la cola!

¿Quieres ir a nadar?

La Antártida puede clasificarse como un "desierto polar".

No, no porque sea caluroso y arenoso; al contrario, es frío y está cubierto de hielo. Pero lo que llamamos "desierto" es una tierra que recibe precipitaciones mínimas (nieve, lluvia, niebla, neblina), y la Antártida recibe muy pocas nevadas y lluvias: el promedio anual de precipitaciones allí es de dos pulgadas de lluvia o nieve (Gallo, 2021).

El continente también alberga la mayor reserva de agua dulce del planeta.

El agua se mantiene como una capa muy gruesa de hielo que tardó millones de años en formarse.

Apenas crecen plantas o árboles allí.

De hecho, solo se encuentran dos variedades de plantas con flores, la perlita antártica y la hierba cabellera antártica, junto con una gran cantidad de musgos, hongos y algas que logran vivir en el continente helado.

Los peces de la Antártida son muy especiales porque tienen un tipo de proteína en la sangre que evita que se congelen en el agua helada.

En la Antártida la hora no es propiamente dicha porque todos los husos horarios del mundo coinciden en un punto del Polo Sur.

La noche y el día también son bastante extraños. En verano, el continente tiene seis meses de luz solar interminable, y luego, en invierno, seis meses de oscuridad.

¿Sabías que?

¡El Polo Sur es mucho más frío que el Polo Norte!

Esto se debe a que el Polo Sur está situado sobre una capa de hielo muy gruesa que, a su vez, está sobre el continente. La altura de esta capa de hielo es de 9000 pies (2743 metros), lo que, si se mide desde el nivel del mar, supone más de una milla y media de altura (24 kilómetros).

ASIA

El continente asiático es el más grande del mundo y está formado por muchos países. Hay 48 países y tres territorios en Asia, lo que la convierte en una tierra maravillosamente colorida de pueblos diferentes que siguen costumbres y tradiciones transmitidas a lo largo de muchas generaciones.

Rusia constituye una parte importante del continente asiático, pero sólo el 22% de su población vive allí. Por ello, Rusia no se cuenta entre los países de Asia; si así fuera, la cifra ascendería al 49%.

Proyecto rápido

¿Puedes marcar Asia en un mapamundi y nombrar los países?

¡Consulta el atlas si te quedas atascado!

Costumbres culturales en Asia

Los saludos son diferentes en cada región

Un apretón de manos, aunque común en los países occidentales, no es la forma tradicional de saludar a alguien en Asia.

En Japón, China y Corea del Sur, la gente se saluda con una ligera reverencia y con las manos a los lados del cuerpo.

En Tailandia, India y Sri Lanka, la gente junta las manos en posición de oración y saluda con una ligera inclinación de cabeza. Este tipo de saludo irá seguido de una frase en su lengua materna. En la India se dice namaste, mientras que en Sri Lanka se dice ayubowan (a-yu-bo-wan). En Tailandia, este saludo se llama wai. La gente dice sawadee krab/ka, que significa "¡hola!". Y se dice con una gran sonrisa. Generalmente, un hombre termina la frase con krab y una mujer con ka.

Descalzarse antes de entrar en una casa

En la mayoría de los hogares asiáticos es tradición que los visitantes se quiten los zapatos antes de entrar en la casa de una persona o en un santuario. Esta costumbre se practica en China, Tailandia, Japón, Corea del Sur y otros países asiáticos. También se quitan los zapatos antes de entrar en un templo budista o hindú.

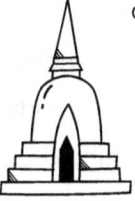

Festivales, comida, costumbres y celebraciones estacionales en Asia

Durante todos mis viajes, lo que más me ha impresionado es lo diferentes y vibrantes que son las culturas de todo el mundo. Hay tantas tradiciones y celebraciones maravillosas de las que formar parte que hacen que viajar sea una experiencia muy agradable. Por ejemplo, si visitara la soleada isla de Sri Lanka, descubriría que sus habitantes celebran la llegada del Año Nuevo en abril, y no el 1 de enero como nosotros. Éstas son algunas celebraciones famosas sobre las que probablemente querrás aprender más, io incluso contárselas a tus padres para que puedan planear tus próximas vacaciones coincidiendo con alguna de ellas!

El Festival del Barco del Dragón en Singapur

Singapur es un pequeño país situado en el sudeste asiático. Es el hogar de muchas razas étnicas, como los chinos, los malayos y los indios. Singapur es una nación hermosa y colorida donde se puede participar de fabulosas celebraciones durante todo el año.

En verano, Singapur celebra el Festival del Barco del Dragón junto con otros países del sudeste asiático.

Durante este festival, se construyen y pintan barcos con el aspecto de feroces y coloridos dragones. Después participan en emocionantes carreras.

La competición es una tradición en muchos países del sudeste asiático, y comer deliciosos dumplings de arroz pegajoso también forma parte de estas celebraciones veraniegas. La carrera es un deporte popular y es parte de la cultura china desde hace más de 2.000 años. Se trata de una celebración tradicional alegre y divertida que une a la población.

Songkran en Tailandia

Tailandia es un país del sudeste asiático. Es una nación con una cultura muy antigua y la gente sigue aún muchas tradiciones culturales vinculadas al budismo. Bangkok es la capital y un destino turístico

muy popular para ir de compras y comer deliciosa comida callejera.

El Songkran es uno de los festivales budistas del agua más populares de Tailandia, en el que la gente se divierte a lo grande en las calles. El festival señala el comienzo del Año Nuevo según el calendario budista y se celebra el 13 de abril de cada año.

Yo visité Tailandia en esas fechas, ¡y vaya si me divertí! Todo el mundo sale a la calle con pistolas y cubos de agua, y a quien pillan fuera lo empapan. Todo es muy divertido, e incluso los turistas disfrutan del festival.

La gente visita sus ciudades natales y pasa tiempo rezando en los templos durante el Songkran. Las estatuas de Buda también se lavan con agua como símbolo de las festividades que señalan nuevos comienzos.

Déjame decirte que Tailandia es uno de los mejores lugares para un amante de la buena comida como yo, y durante el Songkran, se puede degustar una gran variedad de comida popular tailandesa. Ésta es mi favorita:

Arroz pegajoso con mango

El arroz pegajoso es uno de los postres favoritos en Tailandia. El arroz se cuece en crema de coco y se sirve con rodajas de mango fresco.

Hábitos alimentarios de los tailandeses

En Tailandia no se utilizan palillos como en China o Singapur, sino tenedor y cuchara. Además, se considera de mala educación llevarse el tenedor a la boca. En su lugar, se utiliza para empujar la comida hacia la cuchara.

Se puede comer con la mano, pero sólo con la derecha, ya que en la mayoría de las culturas asiáticas la mano izquierda se considera impura. No toques la comida con la palma de la mano; utiliza sólo la punta de los dedos para tomarla y comerla. Comer arroz pegajoso con la mano es lo mejor.

Festival de Primavera-Holi, India

La India está situada en el sur de Asia y es un país vibrante y con muchas tradiciones, culturas y religiones. La comida india es popular en todo el mundo. Mi favorita es el Palak Paneer. Además, sus habitantes celebran varias festividades vinculadas a la religión.

Holi, el festival de los colores, es una popular fiesta hindú que se celebra en la India y es una celebración del amor. Según la leyenda, el Señor Krishna amaba a una chica llamada Radha, pero Krishna tenía la piel de un color inusual (se le representa con la piel de color azul). Krishna temía que a Radha no le gustara su color oscuro y le pidió que coloreara su piel con el color que quisiera. Así lo hizo, y ambos acabaron enamorándose.

Holi celebra la coloración de Krishna por Radha, y toda la nación de la India estalla en un caleidoscopio de colores cuando la gente toma polvos de colores especiales que son seguros de usar y se los lanza unos a otros. Al igual que en Songkran, el festival del agua, en Holi la gente se lanza polvos de colores y pronto todos parecen arcoíris andantes. Durante Holi, los hindúes pasan el tiempo dedicados a rituales sagrados en los templos hindúes, dando gracias al Dios Krishna, considerado el creador del Universo.

Holi se celebra en marzo, pero el día concreto cambia en función de los ciclos lunares. La primera noche de luna llena se celebra el Holika Dahan, en el que se encienden grandes hogueras para representar la quema del demonio Holika, símbolo del triunfo del bien sobre el mal. Al día siguiente, Rangwali Holi se celebra con un derroche de color y mucha diversión en las calles. También hay muchos platos deliciosos que probar durante este festival

Gujiya

Es un dulce celestial que me encanta. Se elabora con masa crujiente y hojaldrada rellena de nueces, pasas y azúcar de palma llamado jaggery. Antes de comerlos, se sumergen en un sirope de azúcar dorado. ¡Ñam!

Fiesta del Medio Otoño en Hong Kong

Hong Kong estuvo bajo dominio británico hasta 1997, tras lo cual volvió a formar parte de China. El Festival del Medio Otoño celebrado en Hong Kong es un acontecimiento muy colorido y salvaje que tradicionalmente incluye comer pasteles de luna y encender farolillos de colores.

Hoy, una parte emocionante del festival, es el desfile de un gigantesco Dragón de Fuego que mide 67 metros de largo y atraviesa Tai Hang, en Causeway Bay. El dragón se compone de decenas de miles de varitas de incienso entretejidas en cuerda de cáñamo para crear una columna vertebral y una cabeza con armazón de ratán. A su alrededor, se enrolla paja perlada para acomodar las varitas de incienso. Cerca de 300 hombres sostienen el dragón y lo pasean por las calles al son de las ovaciones y las alegres celebraciones.

Comida tradicional en la Fiesta del Medio Otoño

Este festival coincidía antiguamente con la fiesta de la cosecha en China. El Festival de la Cosecha del Medio Otoño es una fabulosa celebración con deliciosa comida tradicional.

Pasteles de luna

Esta es, por lejos, la más importante de todas las comidas del festival. A medida que se acerca el Festival del Medio Otoño, notarás que en las tiendas asiáticas de tu barrio se vende una gran variedad de pasteles de luna. Los pasteles de luna son un tipo de empanadilla en cuyo interior se encuentra un delicioso relleno dulce. Tradicionalmente, este relleno se compone de pasta de judías dulces, semillas de loto y yemas de huevo, pero yo he encontrado muchas variaciones que me encantan, como los deliciosos pasteles de luna de chocolate.

Aquí va un dato curioso sobre los pasteles de luna que he aprendido: se cree que los revolucionarios chinos Han utilizaban los pasteles para enviarse mensajes durante el terrible reinado de los mongoles. La historia cuenta que los Han tenían prohibido reunirse en grupos y no tenían forma de discutir sus planes para derrotar a los crueles mongoles, así que utilizaban los pasteles de luna para pasar mensajes. En la noche del Festival de la Luna, cientos de pasteles de luna con instrucciones para rebelarse fueron enviados al pueblo chino que, al leerlos, atacó a los mongoles y se aseguró la victoria y la libertad.

En Singapur, los pasteles de luna se rellenan de durian, una fruta tropical considerada un manjar en los países asiáticos. Pero ¿sabes que el durian, amado por muchos por ser un superalimento repleto de nutrientes, tiene un olor muy fuerte? Por eso, algunos hoteles e incluso transportes públicos de Malasia y Singapur prohíben entrar con esta fruta.

Algunos datos curiosos de Asia

A continuación, te presentaré algunos datos curiosos sobre Asia que pueden resultarte interesantes.

Por qué la mano izquierda se considera impura

La mano izquierda se considera impura en muchas culturas asiáticas de países como India, Tailandia, Nepal, Bangladesh, Pakistán, Maldivas, Sri Lanka y partes de Oriente Próximo. Esto se debe a que, en la antigüedad, estas culturas veneraban su mano dominante, que solía ser la derecha, por lo que se estableció que era la mano que debía utilizarse para comer, cocinar, escribir, etc.

La mano izquierda se utilizaba con fines higiénicos, como lavarse después de ir al baño. Por lo tanto, la mano izquierda se consideraba la mano "impura" y así sigue siendo en la mayoría de las culturas asiáticas.

Las máquinas expendedoras son de una moneda de diez centavos en Japón

A todos nos encanta Japón por sus increíbles inventos diseñados para hacer la vida súper fácil e interesante. ¿Sabías que Japón es el país con mayor número de máquinas expendedoras? Estadísticamente, hay una por cada 30 personas.

Aquí tienes una lista de cosas realmente extrañas que se venden en las máquinas expendedoras de Japón:

Bichos vivos. Se mantienen vivos y en buen estado en contenedores especiales para cualquier que necesite estudiarlos. La disminución de las reservas medioambientales, que hace más difícil encontrar insectos para estudiar, llevó a esta extraña venta en máquinas expendedoras.

Corbatas. ¿Sabes que a veces una persona puede estar disfrutando de un plato de Ramen y encontrarse de repente con la corbata empapada en la sopa? Bueno, en Japón no es un problema, ¡todo lo que tienes que hacer es dirigirte a la máquina expendedora más cercana que venda corbatas y elegir la que quieras!

Huevos. Sí, los huevos se venden en máquinas expendedoras. Así que esas gallinas japonesas seguro que tienen mucho trabajo haciendo suficientes huevos para llenar todas esas máquinas.

Pizza. Sí, me encanta esta idea. Pones unas monedas y ya tienes una pizza en camino. ¿No crees que las máquinas expendedoras de tartas de plátano también serían un gran éxito?

Taiwán, basura y Beethoven

¿Cuál es la relación? Pues bien, en Taiwán
la gente escucha el sonido de "Para Elisa"
de Beethoven al ver un gran camión
amarillo de la basura; es la señal para sacar la basura a la acera para
que la recojan. Música clásica y camiones de basura; ¡qué combinación!

A continuación, nos adentramos en uno de mis temas favoritos: la
historia. Desde que inventé mi máquina del tiempo, me divierto mucho
yendo y viniendo en el tiempo. ¡Incluso conseguí sellar mi nombre,
"Ronny the Frenchie", en una pirámide de Egipto mientras se estaba
construyendo!

Capítulo 6: Historia mundial

Ciudades perdidas, civilizaciones antiguas, batallas encarnizadas, reinos poderosos, reyes y reinas despiadados y luchas por la libertad son sólo algunos de los factores que hacen de la historia del mundo un tema asombroso sobre el que aprender.

Utilicé mi máquina del tiempo para viajar al pasado y conocer a gente muy interesante. Aprendí sobre reinos poderosos antes de que cayeran y se convirtieran en ruinas olvidadas. También conocí a personajes famosos del pasado y aprendí más sobre sus luchas y logros, y he recopilado los datos más interesantes de todos mis viajes al pasado para que aprendas y te asombres con ellos.

El antiguo Egipto: Algunas curiosidades

Vamos, joven explorador, agárrate a mi cola y retrocedamos 5.000 años en el tiempo para conocer los inicios de Egipto y su trayectoria a lo largo de los años.

Las pirámides

Hasta ahora se han descubierto más de 130 pirámides en Egipto. ¿Sabías que las pirámides son en realidad las tumbas gigantes de los faraones (reyes) de Egipto? Fueron enterrados allí con grandes tesoros que su familia pensó que necesitarían para comenzar su nueva vida en el más allá.

Los obreros egipcios organizaron huelgas

Hay que entender que construir esas pirámides no era tarea fácil y, en ocasiones, los trabajadores del antiguo Egipto eran conocidos por organizar huelgas. Conocían sus derechos y no temían protestar si se les trataba injustamente. Una de las primeras huelgas de las que se tiene constancia tuvo lugar en Egipto durante el reinado de Ramsés III, en el siglo XII a.C.

El más allá

Para los egipcios, la vida después de la muerte era el siguiente paso y creían que, una vez que una persona moría, pasaba al otro mundo (la otra vida). Por eso, los muertos eran momificados y sus cuerpos y órganos internos conservados para que pudieran despertar enteros en la otra vida. A la realeza siempre se la enterraba con muchos tesoros para asegurarse de que tuvieran de todo cuando pasaran al inframundo.

Un dato curioso: los faraones estaban gordos

Según los científicos que examinaron las momias de faraones y reinas egipcios, creen que la mayoría tenía sobrepeso y padecía diabetes. Se cree que la dieta real a base de cerveza, pan y miel contribuía al aumento de peso. La reina Hatshepsut es un buen ejemplo de lo contrario a la esbelta figura que aparece en la tapa de su ataúd (Small, 2007).

¿Has oído hablar del "Wepet Renpet"?

No, ¡no es el nombre de una marca de Kleenex! Wepet Renpet significa Año Nuevo en el antiguo Egipto. Traducido directamente, las palabras significan "la apertura del Año Nuevo". Este año nuevo no se celebraba el 1 de enero, ¡oh no! El Wepet Renpet tiene lugar en días diferentes cada año. Los antiguos egipcios celebraban esta fiesta de año nuevo coincidiendo con la crecida del río Nilo. Por ello, para predecir el día de Wepet Renpet, los astrólogos estudiaban el cielo nocturno durante unos 70 días tras la desaparición de la estrella más brillante del firmamento, Sirio. La reaparición de Sirio en el cielo predecía que el

Nilo pronto se desbordaría y era el momento de celebrar el festival de Año Nuevo, que duraba muchos días e incluía muchos bailes, comidas y celebraciones.

Jeroglíficos

El alfabeto de los antiguos egipcios se llama "jeroglíficos". No estaba formado por letras como nuestro alfabeto, sino que por imágenes o, mejor dicho, símbolos. Los antiguos egipcios utilizaban 700 jeroglíficos para comunicarse. Cada uno de los símbolos tiene un significado, y los arqueólogos han aprendido a leerlos.

Datos curiosos

En 1822, Jean-François Champollion fue el primer arqueólogo en descifrar el significado de los jeroglíficos. Lo hizo tras estudiar la Piedra Rosetta.

La Piedra de Rosetta puede verse en el Museo Británico y es un artefacto importante para aprender a leer jeroglíficos. La piedra fue descubierta en 1799 d.C. por una expedición francesa y data del año 196 a.C. Es un decreto escrito en tiempos del rey Ptolomeo V.

Los gatos daban buena suerte

Aunque no veo la razón por la que los antiguos egipcios consideraban sagrados a los gatos, es cierto. Casi todos los

hogares tenían un gato como mascota al que trataban como a un miembro de la realeza simplemente porque pensaban que el felino les traería buena suerte. Por supuesto, y como ya te conté en un capítulo anterior, los perros éramos respetados porque se nos consideraba amigos y compañeros de toda la vida. Incluso se nos momificaba para hacer el viaje al más allá y estar con nuestros amos.

No olvidemos que Anubis, el dios del inframundo, aparece a menudo con cabeza de chacal, por lo que la gente solía identificar a sus perros con el dios.

Los antiguos egipcios fueron responsables de muchos inventos que aún utilizamos

Aparte de pensar que los gatos eran sagrados, los antiguos egipcios eran muy inteligentes y crearon inventos que aún utilizamos hoy en día.

1. Las plumas o lapiceras de caña hechas con varas cortadas de bambú o enea figuran entre los instrumentos de escritura más antiguos.

2. El papel llamado papiro, fabricado con el tallo de la planta del papiro, se sigue produciendo hoy en día.

3. Las cerraduras y llaves de madera que desbloqueaban los pasadores dentro de un cerrojo tenían la forma de un cepillo de dientes.

4. Los relojes de sol se inventaron en Egipto y Babilonia. El más antiguo jamás encontrado procede de Egipto y se creó por el año 1.500 a.C. El obelisco, una enorme columna de roca, fue el primer

tipo de reloj de sol construido por los egipcios. Daban la hora por la sombra que proyectaba la enorme roca.

La antigua Grecia

Grecia era una nación fascinante en la antigüedad y no era el pacífico lugar encantador que es hoy. Allí ocurrieron muchas batallas encarnizadas, hubo poderosos gobernantes que dominaron el mundo y se rindió culto a muchos dioses y diosas a los que los griegos construyeron enormes monumentos. Los griegos amaban el arte y la cultura.

Alejandro Magno

Alejandro Magno nació en el 356 a.C. y murió en el 323 a.C., a la temprana edad de 32 años. Fue un poderoso gobernante griego que logró mucho en su corta vida. Alejandro III procedía de un lugar llamado Macedonia, en Grecia. Es famoso por haber conquistado la mayor parte de Asia occidental y el noreste de África, y dirigió un enorme ejército que marchó por todas las tierras.

Al igual que ocurrió con Alejandro Magno, la esperanza de vida en Grecia era baja. Las mujeres vivían un promedio de 36 años y los hombres 45. ¿Sabías que un perro de seis años tendría 40 en años humanos?

La mayor batalla de la historia de Grecia es la batalla de las Termópilas.

Los griegos lucharon contra el ejército persa, del que los historiadores creen que podría haber superado los 300.000 soldados. Con sólo 7.000 soldados de su lado, los griegos fueron dirigidos por un valiente líder llamado Leónidas que, incluso después de ser superado en número, se mantuvo firme con un pequeño ejército para triunfar contra los poderosos persas.

Los griegos adoraban a muchos dioses, que a su vez gobernaban a dioses menores (semidioses).

Había 12 dioses principales, conocidos como los dioses del Olimpo, que la gente creía que vivían en el monte Olimpo.

Los dioses griegos más destacados eran Zeus, la cabeza, Poseidón, que gobernaba los mares, y Hera, esposa de Zeus y diosa que gobernaba a las mujeres.

La antigua Roma

La civilización romana, fundada en el siglo VIII, es lo que llamamos la antigua Roma. En el siglo V d.C. cayó lo que se conocía como el Imperio Romano de Occidente. Lo que empezó como una pequeña ciudad junto al río Tíber, en Italia, se convirtió en un poderoso imperio que conquistó muchas tierras.

El histórico Mercado de Trajano en Roma era un centro comercial.

Construido entre los años 100 y 110 d.C., se cree que fue el primer centro comercial de la ciudad y albergaba tiendas y oficinas.

Dato curioso

Los romanos creían que ver un búho traía mala suerte, pero ver una abeja traía buena suerte.

Los romanos daban mucha importancia a los baños y los tenían en complejos especiales.

De forma parecida a nuestras piscinas cubiertas, los ciudadanos ricos de Roma acudían a sus termas romanas con un batallón de esclavos que les llevaban la ropa, las sandalias y los aceites perfumados. Sin embargo, no utilizaban jabón.

En la antigua Roma había gladiadoras.

Así es, no sólo hombres enormes y musculosos luchaban en la arena. También había valientes gladiadoras; se las llamaba Gladiatrices o Gladiatrix (suena casi como alguien de Astérix).

Las guerreras luchaban entre ellas y, a veces, contra animales.

El reino maya

Los antiguos mayas eran un reino poderoso. Construyeron muchas grandes ciudades (casi 60) y fueron muy prósperos y temidos por la mayoría de las demás civilizaciones.

Vivían en Mesoamérica, que pertenecía a las áreas alrededor de América Central y México.

Los mayas eran inteligentes e inventaron muchas cosas.

Idearon sistemas de cultivo inteligentes, los sistemas del calendario maya, juegos y deportes, así como sistemas para escribir como el cartucho glífico, que es similar a las palabras y estructuras de frases que utilizamos hoy en día.

Los mayas mostraban su estatus a través de su afición a los sombreros.

Cuanto más importante era una persona, más grandes eran sus tocados.

Los mayas adoraban a los elementos y tenían muchos dioses.

Los mayas adoraban a dioses como el dios de la lluvia, el dios del sol, de las tormentas, de la noche, de la luna y al creador del universo.

También creían que los pavos eran dioses y los veneraban porque creían que poseían poderes mágicos y que podían utilizarse para hacer daño a los mayas cuando estaban en estado de sueño. Por eso el pavo era temido y respetado.

Datos importantes sobre la gran y devastadora Segunda Guerra Mundial

La guerra más devastadora de la historia de la humanidad fue la Segunda Guerra Mundial. Comenzó el 1 de septiembre de 1939, duró seis años y terminó el 2 de septiembre de 1945. Aquí tienes algunos puntos sobre la Segunda Guerra Mundial que debes conocer, ya que se trata de un conjunto de acontecimientos muy importantes que dieron forma al mundo. La Segunda Guerra Mundial se libró entre los Aliados y el Eje.

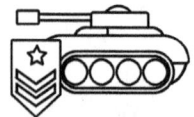

Los Aliados y el Eje

Las potencias aliadas estaban formadas por Gran Bretaña, Estados Unidos, Francia, la Unión Soviética y China, mientras que Alemania, Italia y Japón eran las fuerzas del Eje. Alemania estaba liderada por un hombre llamado Adolfo Hitler.

Las mujeres valientes fabricaron cosas maravillosas

Con la mayoría de los hombres fuera en combate y los países utilizando todo su dinero para financiar la guerra, se cerraron muchas fábricas. Sin embargo, algunas fueron dirigidas por las valientes mujeres que ocuparon el lugar de sus padres, hermanos y maridos para fabricar muchas cosas maravillosas, incluyendo aviones. Cerca de 310.000 mujeres fueron reclutadas en la industria aeronáutica estadounidense en 1943 (History.com Editors, 2021).

Casi 60 millones de personas murieron como consecuencia de la Segunda Guerra Mundial.

Este triste hecho nos recuerda a todos que en la guerra no hay vencedores y que la mejor táctica es siempre buscar soluciones pacíficas a los problemas.

Las Naciones Unidas (ONU), una organización internacional cuyo objetivo es proteger la paz internacional.

La ONU se formó con 51 países miembros en 1945, una vez finalizada la Segunda Guerra Mundial. El propósito de la organización era mantener la paz y la seguridad mundiales, desarrollar lazos de amistad entre los países y la promoción de los derechos humanos, niveles de vida más altos y el progreso social.

Activistas afroamericanos por los derechos civiles en Estados Unidos

Los derechos civiles de los que disfrutan hoy en día todos los estadounidenses se lograron gracias al trabajo incansable, las luchas y las interminables batallas libradas por personas notables que tuvieron el valor suficiente para enfrentarse a la discriminación de la comunidad afroamericana en el pasado.

Aunque los ciudadanos estadounidenses disfrutan hoy de los mismos derechos, independientemente de su raza, no siempre fue así. Los esclavos africanos que lucharon con valentía por su libertad se enfrentaron a una gran discriminación y no gozaban de los derechos adecuados dentro de la comunidad. Fue una larga y dura batalla librada por muchos, incluidas las personas que se citan a continuación. Ellos son los responsables de haber conseguido los derechos y la igualdad en la sociedad de los que disfrutamos hoy en día.

W.E.B. Du Bois

Destacado intelectual de la comunidad de color de la época, Du Bois es el fundador de la NAACP, siglas de National Association for the Advancement of Colored People (Asociación Nacional para el Progreso de la Gente de Color). Creada en 1909, el objetivo de la organización era conseguir la igualdad y la justicia para los afroamericanos de Estados Unidos. Du Bois fue autor de varios libros que describían el trato que recibía la comunidad de color. También fue el responsable de animar a la comunidad afroamericana a abrazar su orgullosa herencia africana a pesar de ser ciudadanos estadounidenses.

Thurgood Marshall

Primer juez negro del Tribunal Supremo de Estados Unidos, Marshall luchó legalmente contra la segregación de la comunidad afroamericana.

Rosa Parks

Esta valiente mujer es un icono del movimiento por los derechos de los negros en Estados Unidos. Por si no lo sabías, antes de que se establecieran los derechos civiles para los afroamericanos, había unas normas muy extrañas que la gente tenía que seguir.

Los asientos de los autobuses, por ejemplo, estaban separados: las primeras filas estaban reservadas para los blancos y las últimas para la gente de color.

En 1955, en un autobús de Montgomery, Alabama, Rosa Parks hizo historia al negarse a ceder su asiento en la "sección negra" y pasar a la parte de atrás porque el conductor quería dejar más sitio a los blancos, ya que la "sección blanca" estaba llena. Si yo hubiera estado con Rosa entonces, seguro que habría mordido los talones a cualquiera que intentara quitarle el asiento.

Sin embargo, Rosa fue valiente y se mantuvo firme. Sus acciones provocaron un boicot muy exitoso de los autobuses por parte de la gente de Montgomery. Evitando los autobuses, la gente empezó a compartir coche, a tomar taxis e incluso a caminar. De hecho, yo caminé junto a algunas de las personas que se dirigían al trabajo y descubrí que algunas caminaban cerca de 30 kilómetros. Pero nadie se quejó porque estaban luchando por una causa muy importante.

¿Sabes quién fue el que inició el boicot, como el más reciente activista de los derechos de los negros en Montgomery? Fue nada más ni nada menos que Martin Luther King, Jr.

La segregación de las personas en los autobuses llegó a su fin en 1956, cuando se aprobó una orden del Tribunal Supremo que declaraba el acto inconstitucional.

*Inconstitucional: acto que viola los derechos constitucionales de una persona o grupo de personas.

Datos curiosos:

Rosa Parks escribió su autobiografía, Rosa Parks, Mi historia, en 1992.

Recibió la Medalla Presidencial de la Libertad en 1996.

Fue la primera mujer en ser homenajeada en la Rotonda del Capitolio de los Estados Unidos en Washington DC cuando murió. Su féretro permaneció en la Rotonda durante dos días para que el público pudiera visitarlo. Murió en 2005 a los 92 años y está enterrada en el cementerio Woodlawn de Detroit.

La estatua de cuerpo entero de Rosa, encargada por el Congreso, fue la primera de un afroamericano que se colocó en la capital de Estados Unidos.

La Rotonda del Capitolio se encuentra bajo la Cúpula del Capitolio; el complejo que marca el corazón físico (centro) de Washington, DC.

✻✻✻✻✻✻✻✻✻✻✻✻✻✻✻✻✻✻

Curiosidades históricas

He aquí algunas curiosidades históricas que creo que te resultarán muy interesantes.

La primera persona que circunnavegó el mundo

El explorador portugués Fernando de Magallanes inició la primera circunnavegación del mundo entre 1519 y 1522. Se embarcó por encargo del Rey de España en busca de una ruta fácil hacia Oriente. Navegó entonces hacia el oeste desde el extremo sur del continente americano. Allí Magallanes descubrió el estrecho al que bautizó "Canal de Todos los Santos". Aunque el nombre cambió con los años, el canal sigue dedicado al hombre que lo encontró. Quizá lo conozcas como el Estrecho de Magallanes. Una vez que Magallanes cruzó las agitadas aguas del estrecho, su barco emergió a un océano muy tranquilo, ¿y sabes cómo llamó a ese océano? Lo llamó Océano Pacífico.

Lamentablemente, Magallanes murió antes de poder completar todo el viaje y fue Juan Sebastián del Cano quien completó el recorrido trazado por Magallanes.

Los vikingos marcaron tendencia

¿Se te vienen a la cabeza imágenes de guerreros fuertes y feroces cuando piensas en los vikingos? Pues sí, pero también eran muy conscientes de su imagen. Los hombres solían teñirse el pelo de rubio, considerado el mejor color. Incluso se teñían la barba, utilizaban una cuchara para limpiarse las orejas y se decía que se bañaban más que la mayoría de la gente de la época. Los vikingos, como la mayoría de las comunidades europeas de la época, marcaban tendencia. ¿No es un hecho asombroso?

El primer dibujo animado del mundo

Ah, los dibujos animados, cómo me gustan, sobre todo los clásicos como Scooby-Doo. Pero, ¿sabes quién creó el primer dibujo animado? Fue un francés llamado Emile Cohl. Creó el dibujo animado "Fantasmagorie" que constaba de 700 dibujos y duraba sólo dos minutos. Aun así, fue un comienzo, y todos sabemos lo lejos que ha llegado la animación, o los dibujos animados, hoy en día. El cortometraje se estrenó el 17 de agosto de 1908. ¿Y sabes qué? Si buscas "Fantasmagorie" en YouTube, podrás ver el primer dibujo animado del mundo.

Entre 75 y 200 millones de personas murieron en Europa y el norte de África a causa de las ratas

Suena terrible, ¿verdad? Lo fue, pero no en el espantoso escenario en el que las ratas se comen a la gente que puedes estar imaginando ahora mismo.

La peste bubónica, más conocida como peste negra, es una enfermedad mortal que se transmite de pulgas y ratas a humanos. Una cuarta parte de la población europea murió a causa de la peste negra entre 1347 y 1351. La peste negra, una de las plagas más devastadoras a las que se enfrentó el mundo, tuvo un enorme impacto en el curso de la historia europea.

Ohagura: Ennegrecimiento de los dientes

En el antiguo Japón, durante el periodo Heian, del 794 al 1185 d.C., las mujeres se teñían los dientes de negro, simplemente porque consideraban que el blanco no era atractivo. Sin embargo, esta tradición fue prohibida por el gobierno Meiji en 1870.

¿Sabías que Luis XIX fue rey de Francia durante sólo 20 minutos?

Su padre, Carlos X, se vio obligado a abdicar al trono en 1830 debido a las protestas públicas, pero Luis Antonio, que tomó el relevo como rey Luis XIX, también tuvo que abdicar debido a las mismas protestas.

La piña o ananá era un símbolo de estatus en la Inglaterra del siglo XVIII.

¿Crees que la clase alta iba por ahí llevando una piña en la mano? Bueno, en realidad algunas personas llevaban una como símbolo de prosperidad, pero sobre todo se añadían a las decoraciones en medio de las mesas para impresionar a los invitados. Nadie las comía porque se consideraba casi sagrada. Por eso, a veces se alquilaban piñas cada vez que alguien celebraba una fiesta y quería impresionar a sus invitados.

Capítulo 7: Deporte y tiempo libre

El mundo del deporte es realmente fascinante. A todos nos encanta ver o jugar a nuestro deporte favorito.

A mí personalmente me encanta jugar al frisbee, o incluso al fútbol, con mi amigo humano. Sobre todo, en la playa en un cálido día de verano.

También me encanta el béisbol, pero más por todos los perritos calientes gratis que me da la gente de alrededor, que piensa que me veo muy guapo ahí sentado con mi vieja gorra de los Red Sox en la cabeza. En realidad, no soy un fanático, pero un amigo me regaló la gorra, así que me la pongo siempre que voy a partidos en los que juegan los Red Sox. Quizá hayas oído hablar de mi amigo;

conocí a Babe Ruth la última vez que viajé al pasado en mi máquina del tiempo.

¿Te gusta algún deporte?

Si es así, sabes cuánta dedicación se necesita para alcanzar los sueños y metas en el deporte elegido. Que muchos vean y participen en el deporte requiere de un trabajo muy duro.

¿Recuerdas lo emocionante que puede llegar a ser un partido de béisbol de las ligas menores, o lo mucho que animas a tus amigos cuando corren en la pista?

Bueno, esa es la emoción del deporte que todos disfrutamos.

El baloncesto, el fútbol y el críquet son deportes muy populares en todo el mundo, con millones de seguidores. También hay deportes menos conocidos y aprender sobre ellos sin duda te hará decir "iguau!".

Fascinantes y locos datos deportivos

Snowboarders olímpicos

¿Sabías que un snowboarder que compite en las Olimpiadas se eleva unos 46 pies (14 metros) en el aire? Eso es casi tan alto como un edificio de cuatro plantas. El snowboard forma parte de los Juegos Olímpicos de Invierno desde hace más de 20 años. Es muy similar a las pruebas de skateboard y se desarrolla dentro de una enorme pista con paredes verticales.

El fútbol es pura distancia

¿Es Cristiano Ronaldo tu jugador de fútbol favorito? Muchas veces he intentado imitar sus geniales movimientos. Pues bien, aquí tienes un dato interesante sobre el fútbol que he aprendido recientemente: durante un partido completo, un centrocampista corre en total unos 11 kilómetros, ¡pero el árbitro corre aún más! Así que la próxima vez que veas un partido, no pierdas de vista

al árbitro y comprueba cuánto ejercicio hace corriendo detrás de los jugadores.

DATO CURIOSO

El fútbol es un juego medieval.

Si viajaras a Gran Bretaña, allí la gente hablaría de 'fútbol' en lugar de 'soccer' porque, aunque se refiere al mismo deporte, en Estados Unidos lo llaman soccer.

La palabra 'soccer' surgió a partir de un término de jerga para Association Football (Asociación de Fútbol) y tiene una historia de más de 100 años en la propia Gran Bretaña.

El término utilizado en Gran Bretaña, Association Football, que es la liga de fútbol, fue acortado por los jugadores que lo llamaron soccer.

Sin embargo, los británicos decidieron que era incorrecto y volvieron a decirle fútbol. Pero en Estados Unidos se mantuvo el nombre soccer.

Los zurdos pueden tener más suerte en los deportes

En béisbol, tenis, esgrima e incluso boxeo, alrededor del 20-30% de los mejores atletas son zurdos. Ser zurdo en los deportes es algo así como tener un superpoder porque mientras que alrededor del 90% de las personas son diestras, un zurdo es único y puede usar su ventaja poco común de zurdo en los deportes (Ferocious Media, 2019).

Ser zurdo puede ser ventajoso para devolver la pelota en el tenis, lanzar en el béisbol e incluso en deportes de contacto como el boxeo. El oponente diestro queda desprevenido con ese golpe o devolución del lado izquierdo.

Algunos de los mejores deportistas zurdos son Babe Ruth, Rafael Nadal, Manu Ginobili, Monica Seles, Michael Redd y muchos más.

¿Eres zurdo y practicas algún deporte? ¡Pues aprovecha tu superpoder!

El deporte más antiguo del mundo

Se cree que la lucha libre es uno de los deportes más antiguos. Se practicó por primera vez en Grecia alrededor del año 776 a.C.

Calzoncillos negros para todos los árbitros de las Grandes Ligas de Béisbol

Todavía me estoy riendo de esto, pero es verdad. Todos los árbitros de los partidos de las Grandes Ligas deben llevar ropa interior negra. Es una medida de seguridad por si se les abren los pantalones. A los árbitros de los partidos de las Grandes Ligas se les tiene el máximo respeto, y ningún jugador puede pasar por encima de la decisión de un árbitro. Por lo tanto, para evitarles cualquier vergüenza, es un requisito llevar calzoncillos negros.

La bandera olímpica

Diseñados en 1912 por el Barón Pierre de Coubertin, conocido como el "Padre de los Juegos Olímpicos", los cinco anillos de la bandera olímpica representan los cinco continentes de los que proceden los atletas que participan en los Juegos.

¿Sabías también que los colores de los anillos sobre el fondo blanco fueron elegidos específicamente para representar el color de cada bandera nacional existente en el momento en que la bandera olímpica hizo su debut en 1914? Pues así fue.

Michael Phelps ha ganado más medallas de oro que naciones enteras

El nadador estadounidense Michael Phelps ha ganado más medallas de oro que naciones enteras, como México y Portugal, desde 1896. Phelps ganó cinco medallas de oro y una de plata durante su asombrosa actuación en los Juegos Olímpicos de Río 2016. Su colección completa de medallas olímpicas asciende a 28, que es un récord mundial en sí mismo, ya que ningún otro atleta ha ganado tantas medallas olímpicas.

En 1956, los Juegos Olímpicos se celebraron en dos países

Australia fue el anfitrión oficial de los Juegos Olímpicos de Verano de 1956. Pero, como país que depende del ganado como una de sus principales fuentes de ingresos, Australia tiene leyes muy estrictas sobre la cuarentena de los animales que se introducen en el país. Esto supuso un problema para las pruebas ecuestres, por lo que éstas se celebraron en Estocolmo (Suecia) cinco meses antes de las Olimpiadas.

Sin embargo, no es la primera vez que esto ocurre. En 1920, los Juegos Olímpicos de Verano se celebraron tanto en los Países Bajos como en Bélgica debido a problemas relacionados con la Primera Guerra Mundial.

La única ciudad que ha sido sede olímpica tres veces

Londres ha sido sede de los Juegos Olímpicos en tres ocasiones: en 1908, 1948 y 2012, y es la única ciudad del mundo que lo ha conseguido.

Los Juegos Olímpicos de París de 1900

Las primeras mujeres atletas que compitieron en los Juegos Olímpicos lo hicieron en los Juegos de París de 1900. Incluso cuando Coubertin restableció las Olimpiadas en 1894, sólo participaron atletas masculinos. Los primeros Juegos Olímpicos modernos se celebraron el 6 de abril de 1986.

¿Te gustaría participar en una carrera de bicicleta de montaña bajo el agua?

La carrera anual de ciclismo subacuático de Carolina del Norte se celebra frente a la ensenada de Beaufort. Las carreras tienen lugar donde se ha creado un arrecife por el hundimiento del USS Indra. Los ciclistas pueden pedalear, empujar o arrastrar sus bicicletas por el fondo marino para llegar a la meta. Sin embargo, no se permiten bicicletas motorizadas.

LOS MEJORES RÉCORDS DEPORTIVOS

1. El golpe de putt de golf más largo de la historia fue de 1,8 metros. Fue realizado por Bret Stanford del How Ridiculous Club, un equipo australiano de YouTube de golpes con truco. El putt se realizó en 2017 en el Point Water Golf Club de Australia.

2. El japonés Minoru Yoshida tiene el récord mundial de flexiones consecutivas. Realizó un total de 10.507 flexiones sin parar en 1980.

3. El canadiense Bill Mosienko batió el récord de la tripleta más rápida de la Liga Nacional de Hockey al marcar tres goles en sólo 21 segundos. Vaya, ¡es increíble! ¿Sabías que puedes ver esta hazaña en YouTube? Sólo tienes que buscar "Bill Mosienko's hat trick".

4. Ben Smith tiene el récord de correr el mayor número de maratones consecutivos. Corrió un total de 401 maratones en 401 días. ¡Me habría encantado correr con él!!

El combate de boxeo más largo de la historia

¿Adivinas cuánto duró este combate récord? La loca cantidad de 110 asaltos que duraron más de siete horas. El combate fue en 1893, entre Jack Burke y Andy Bowen.

¿Quién ganó? Nadie. El árbitro lo declaró "fuera de concurso" porque pensó que ya era suficiente. Ambos boxeadores estaban agotados, la mayoría de los espectadores se habían quedado dormidos y Andy Bowen acabó con múltiples fracturas en las manos.

¿Qué deporte practicaba Abraham Lincoln?

La lucha libre. Así es, Abraham Lincoln era un luchador muy bueno que rara vez perdía un combate. Boxeó durante unos 10 años en su juventud.

El ex presidente de los Estados Unidos fue muy buen deportista en su juventud.

Sus logros en la lucha libre fueron reconocidos en 1992 por el Salón de la Fama de la Lucha Libre cuando fue incluido como "Americano Destacado" en lucha libre.

Test rápido sobre deportes

Aquí tienes un rápido cuestionario para poner a prueba tus conocimientos deportivos. Ganarás un punto por cada respuesta correcta. Las respuestas están en la página siguiente, ¡así que no espíes!

1. La espalda, el crol y la braza, ¿en qué deporte son modalidades?

2. ¿Qué significa "NBA"?

3. ¿Qué distancia se corre en un maratón?

4. ¿Cuál fue el primer deporte que se practicó en la Luna?

5. Nombra el deporte por el que fue famoso el legendario Mohammed Ali.

6. ¿"Amor" es una puntuación en qué juego?

7. Entre 1967 y 1976 se prohibió una jugada en el baloncesto, ¿cuál era?

8. ¿Cuál es el único país que ha jugado en todos los torneos de la Copa del Mundo de fútbol?

9. ¿Qué equipo ha anotado más puntos en el Super Bowl en la historia de la NFL?

10. ¿En qué año participaron por primera vez mujeres en los Juegos Olímpicos y en qué deportes?

Respuestas del cuestionario de deportes

1. La espalda, el crol y la braza, ¿en qué deporte son modalidades?

Natación

2. ¿Qué significa "NBA"?

Asociación Nacional de Baloncesto

3. ¿Qué distancia se corre en un maratón?

26,2 millas (42.195km)

4. ¿Cuál fue el primer deporte que se practicó en la Luna?

Golf. El astronauta de la NASA Alan Shepard se llevó consigo algunos palos y pelotas de golf cuando despegó hacia el espacio el 6 de febrero de 1971, a bordo del Apolo 14. Una vez en la Luna, jugó una rápida (y la primera) partida de golf.

5. Nombra el deporte por el que fue famoso el legendario Mohammed Ali.

Boxeo

6. ¿"Amor" es una puntuación en qué juego?

Tenis

7. Entre 1967 y 1976 se prohibió una jugada en el baloncesto, ¿cuál era?

   El mate

8. ¿Cuál es el único país que ha jugado en todos los torneos de la Copa del Mundo de fútbol?

   Brasil

BRASIL

9. ¿Qué equipo ha anotado más puntos en el Super Bowl en la historia de la NFL?

   Los 49ers de San Francisco cuando ganaron la Super Bowl XXIX.

10. ¿En qué año participaron por primera vez mujeres en los Juegos Olímpicos y en qué deportes?

   En 1900, las mujeres entraron por primera vez en los Juegos Olímpicos. 22 mujeres se encontraban entre los 997 atletas participantes, y compitieron en tenis, golf, croquet, hípica y vela.

Capítulo 8: Maravillas de la ingeniería

Los maravillosos diseños y las alucinantes estructuras creadas por el hombre hacen que nuestro mundo sea aún más interesante de explorar.

Durante miles de años, la humanidad ha construido torres, castillos, fortalezas, santuarios y otros edificios que han resistido al paso del tiempo.

¿Son impresionantes las pirámides de Egipto?

¿Y la Gran Muralla China?

Lo que se ve en esta foto es la Torre Eiffel de París.

Como recordarás, allí me transformé en Ronny el Superperro. Me encanta visitar la torre y estar entre los felices turistas que pasean explorando el gran monumento. ¿Has estado en París? Deberías pedirles a tus padres que te lleven allí en tus próximas vacaciones, ¡quizá nos encontremos y compartamos un cruasán!

Todas estas estructuras fueron diseñadas por expertos ingenieros y

su construcción llevó muchos años.
Las maravillas de la ingeniería no
se limitan a los edificios, sino quev
incluyen la construcción de miles
de kilómetros de vías férreas, torres y
cables que conectan el mundo entero, e incluso playas artificiales. A
continuación, vamos a explorar algunas de las construcciones más
impresionantes del mundo.

Maravillas históricas de la ingeniería

El Canal de Panamá

El Canal de Panamá se inauguró en 1914. Es un canal de 51 millas
de largo que conecta los océanos Pacífico y Atlántico. El comercio
internacional recibió un gran impulso cuando se abrió el canal porque
los barcos tenían ahora una ruta más corta para ir del Pacífico al
Atlántico, o viceversa.

Cincuenta y seis mil trabajadores se encargaron de construir el
canal, atravesando una espesa selva. Desgraciadamente, el 10% de
los trabajadores murieron mientras trabajaban en el canal debido al
agotamiento y las enfermedades. Se dice que la cantidad de tierra
excavada para crear el canal fue suficiente para cubrir toda la isla de
Manhattan.

El puente Golden Gate

Inaugurado en 1937, el puente Golden Gate fue, durante los primeros 27
años, el puente colgante más largo del mundo. El puente se extiende
a lo largo de 1,7 millas (27 kilómetros) sobre el canal que conecta el

Océano Pacífico con la Bahía de San Francisco.

¿Sabías que el puente es en realidad de color naranja, aunque su nombre sea Golden Gate, que significa puerta dorada?

El túnel submarino del Canal de la Mancha

He viajado por el túnel del Canal desde mi ciudad natal en Francia para ver el Puente de Londres en Inglaterra. Es una de las mejores creaciones de los ingenieros modernos y une el continente europeo con la isla de Gran Bretaña.

Se tardaron seis años en construir el túnel, que se inauguró en 1994. Tiene 31 millas (50 kilómetros) de largo y se extiende a través del Canal de la Mancha conectando las dos masas continentales. Veintitrés millas (37 kilómetros) del mismo atraviesan el mar a 150 pies (45 metros) bajo la superficie para transportar coches, autobuses, vehículos de carga e incluso trenes. Gracias al túnel, puedo ir de Londres a mi casa en París en sólo dos horas y media. Todo lo que tengo que hacer es subirme al rapidísimo tren Eurostar. Por supuesto, la gente también tiene la opción de conducir por los túneles.

La Estación Espacial Internacional

Uno de los mayores logros del hombre, la Estación Espacial Internacional (EEI), tiene el tamaño aproximado de un campo de fútbol americano. Pesa unos 925.000 kilos y ha permitido a los científicos aprender mucho sobre el espacio viviendo y trabajando en ella.

La ISS orbita la Tierra cada 90 minutos a una velocidad de 17.500 millas (28.000 kilómetros) por hora. La EEI presta muchos servicios, entre ellos el de ayudar a la NASA a aprender más sobre el espacio y a explorar Marte. Los investigadores a bordo de la EEI también buscan curas para enfermedades.

La Estatua de la libertad

La Estatua de la Libertad fue regalada a los Estados Unidos por los franceses en 1886. El regalo fue un acto de amistad y fue muy apreciado. La majestuosa estatua de 151 pies de altura (46 metros) era impresionante y hermosa, y lo sigue siendo. Un escultor francés de París, Frederic-Auguste Bartholdi, hizo la piel de la estatua con grandes planchas de cobre en Francia. Después se envió en 200 cajas a Nueva York. ¡¿Sabías que la estatua tiene hoy un color verde debido a la oxidación de las planchas de cobre?!

La cascada artificial más alta

¿Sabías que una de las cascadas artificiales más grandes del mundo se encuentra en China?

No se encuentra en un parque ni en un bosque tropical. No, esta gigantesca cascada se encuentra en el Edificio Internacional Liebian, en la provincia de Guizhou.

La cascada se crea utilizando enormes bombas para hacer girar el agua almacenada en depósitos gigantes.

El agua se bombea hasta la parte superior del edificio, desde donde cae 121 metros (396 pies) por su lateral, creando así una impresionante cascada.

El Burj Khalifa

Este es el edificio más alto del mundo a partir de 2022. El Burj Khalifa se encuentra en Dubái, una ciudad del Medio Oriente famosa por sus maravillas arquitectónicas. Ubicada en el centro de Dubái, la torre también alberga una de las plataformas de observación de mezquitas más altas del mundo e incluso una de las fuentes más grandes del mundo.

La Gran Muralla China

Esta es una de las Grandes Maravillas del Mundo y sin duda una de las mayores hazañas de ingeniería logradas por el hombre. Tardó más de 2000 años en completarse porque la muralla se fue extendiendo en diferentes sectores; para proteger la Ruta de la Seda, se extendió hacia el oeste y luego hacia el Paso de Yumen, lo que tomó casi 400 años.

El mayor progreso que tuvo el muro fue en el siglo XIV, cuando China estaba bajo el dominio de la dinastía Ming. Se usaron ladrillos y piedra para hacer que el muro fuera más resistente porque el objetivo principal de su construcción era proteger a China de las invasiones de los mongoles.

Las paredes se extienden una distancia de 13,171 millas (21.196 kilómetros) y contienen torres de vigilancia, puentes e incluso pagodas. Atraviesa 15 provincias y es una de las principales atracciones de China.

¿Has visitado la Gran Muralla China?

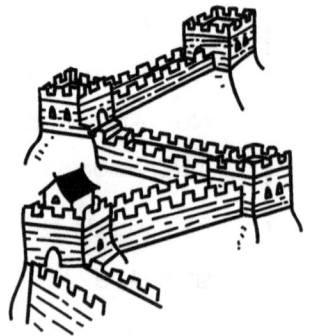

Conclusión

Bueno, amigo, este es el final de nuestro viaje por ahora, pero TE prometo que tengo muchos más datos que compartir contigo. Estate atento a mi próximo gran libro para acompañarme a mí, Ronny the Frenchie, en más aventuras alrededor del mundo.

Por ahora, quiero darte las gracias por ser tan buen alumno y te concedo la insignia de tres estrellas que doy a todos mis seguidores.

Bienvenido al club de los descubridores de Ronny. Ya eres miembro oficial. Espero que mi libro te haya inspirado para aprender más sobre nuestro maravilloso planeta e intentar hacer tus propios descubrimientos.

Explora todo lo que puedas. Empieza por el jardín y el parque: te sorprenderán los asombrosos descubrimientos que puedes encontrar allí. Insectos, plantas, bichos y mucho más están esperando a ser descubiertos.

Recuerda que el conocimiento es poder. No dejes nunca de aprender y cree siempre en ti mismo. ¡Nos vemos en mi próxima aventura!

¡Que tengas un maravilloso día de perros!

Referencias

The absence of the concept of zero in Roman numerals system. (n.d.). Roman Numerals https://www.romannumerals.org/blog/the-absence-of-the-concept-of-zero-in-roman-numerals-system-8

Adebowale, T. (2021, August 25). The best 61 sports facts for kids. Kidadl. https://kidadl.com/articles/best-sports-facts-for-kids

Afzal, A. (2010, May 9). What is a baker's dozen and how did the phrase originate? The Times of India. https://timesofindia.indiatimes.com/what-is-a-bakers-dozen-and-how-did-the-phrase-originate/articleshow/5908384.cms

Alem. (n.d.). 7 weird animal facts that you didn't know. The Pet Express. https://www.thepetexpress.co.uk/blog/general-interest/7-weird-animal-facts-that-you-didnt-know/

All About Frogs. (n.d.). Burke Museum. https://www.burkemuseum.org/collections-and-research/biology/herpetology/all-about-frogs

Ancient Egyptian Inventions. (n.d.). https://www.clark-shawnee.k12.oh.us/userfiles/98/Classes/4758/ancienct%20egypt%20inventions.pdf?id=11293

Andrews, E. (2020, January 30). 11 things you may not know about Ancient Egypt. History. https://www.history.com/news/11-things-you-may-not-know-about-ancient-egypt

Apodyterium. (n.d.). PBS. https://www.pbs.org/wgbh/nova/lostempires/roman/apodyterium.html

Ask Smithsonian. (2020, April 1). Is it true that elephants can't jump? Smithsonian Tween Tribune. https://www.tweentribune.com/article/tween78/it-true-elephants-cant-jump/

Auckland, G. & Gorst, M. (n.d.). There is no zero in Roman numerals. Who invented zero, and when? The Guardian. https://www.theguardian.com/notesandqueries/query/0,5753,-1358,00.html

Bath, G. (2020, August 23). Tilly Smith was taught about tsunamis in her geography class. What she learnt saved 100 lives. Mamamia. https://www.mamamia.com.au/tilly-smith-tsunami/

Beasely, J. (2021, August 11). The 7 wonders of the engineering world. Institution of Civil Engineers (ICE). https://www.ice.org.uk/news-and-insight/ice-community-blog/august-2021/wonders-of-engineering-world

Best nature videos for kids. (n.d.). Easy Science for Kids. https://easyscienceforkids.com/best-nature-videos-for-kids/

Biancolin, B. (2018, November 26). 25 seriously weird things we can actually buy in Japan's vending machines. TheTravel. https://www.thetravel.com/weird-things-we-can-actually-buy-in-japans-vending-machines/

Bindschadler, R. (2005, June 27). Why is the South Pole colder than the North Pole? Scientific American. https://www.scientificamerican.com/article/why-is-the-south-pole-col/

Blakemore, E. (2018, November 20). Turkeys were once worshipped like gods. History. https://www.history.com/news/turkey-worship-maya

Bond, H. (2021, April 28). 50 best frog puns and jokes that are toad-ally funny. Kidadl. https://kidadl.com/articles/best-frog-puns-and-jokes-that-are-toad-ally-funny

A brief history of reed pens. Find out how to make your own. (2017, September 1). Paper Stone Blog. https://www.paperstone.co.uk/News/2017/history-reed-pens

BRINK Editorial Staff. (2014, December 30). More people have cell phones than toilets. BRINK News. https://www.brinknews.com/more-people-have-cell-phones-than-toilets/

British Museum Blog. (2021, February 26). Top 10 historical board games. The British Museum. https://blog.britishmuseum.org/top-10-historical-board-games/

Brnakova, J. (2021, January 22). 12 cool facts about South America for all ages. Kiwi.com. https://www.kiwi.com/stories/12-cool-facts-south-america-for-all-ages/

Buckley, S. (2022, February). Fiber will (mostly) dominate broadband in 2022. Broadband Communities. https://www.bbcmag.com/community-broadband/fiber-will-mostly-dominate-broadband-in-2022

Burke, A. (2022, April 25). Do dogs sweat? You may be surprised by the answer. American Kennel Club. https://www.akc.org/expert-advice/health/do-dogs-sweat/

Buzz Staff. (2021, February 16). Did you know that a pie chart is called "Camembert" in France and "flatbread chart" in China? News18. https://www.news18.com/news/buzz/did-you-know-that-a-pie-chart-is-called-camembert-in-france-and-flatbread-chart-in-china-3439967.html

Cahn, Lauren. (2022, May 31). The 18 smartest dog breeds. Reader's Digest. https://www.rd.com/list/smartest-dog-breeds/

Can certain snails really sleep for 3 years? (2019, July 19). A-Z Pet Vet. https://www.azpetvet.com/can-certain-snails-really-sleep-for-3-years/

Capitol rotunda. (n.d.). Architect of the Capitol. https://www.aoc.gov/explore-capitol-campus/buildings-grounds/capitol-building/rotunda

Carey. (2016, May 4). Things they do differently in Paraguay. Our Nomadic Experience. http://ournomadicexperience.com/things-differently-paraguay/

Cell phone facts for kids. (n.d.). Facts Just for Kids. https://www.factsjustforkids.com/technology-facts/cell-phone-facts-for-kids/

Chantel, J. (2022, June 15). Smartphone history: Looking back (and ahead) at a modern marvel. Textedly. https://blog.textedly.com/smartphone-history-when-weresmartphones-invented

Chinese firm to recycle "panda poo" into tissue paper. (2017, December 20). BBC News. https://www.bbc.com/news/42422216

Chirag. (2020, November 12). *Did you know the heart of a shrimp is in their head?* Chirag's Blog. https://chiragsoccer.wordpress.com/2020/11/12/did-you-know-the-heart-of-a-shrimp-is-in-their-head/

CH 103—Chapter 7: Chemical reactions in biological system. (n.d.). Western Oregon University. https://wou.edu/chemistry/courses/online-chemistry-textbooks/ch103-allied-health-chemistry/ch103-chapter-6-introduction-to-organic-chemistry-and-biological-molecules/

Cocoa's history. (n.d.). Cacao México. https://cacaomexico.org/?page_id=70&lang=en

Culture facts for kids. (2022, April 9). Kiddle. https://kids.kiddle.co/Culture

Curran, A. (2020, November 16). *Why do airplanes avoid flying over the Himalayas?* Simple Flying. https://simpleflying.com/why-do-airplanes-avoid-flying-over-the-himalayas/

Darwin's Frog. (2021, February 16). A-Z Animals. https://a-z-animals.com/animals/darwins-frog/

Debunking owl myths. (n.d.). International Owl Center. https://www.internationalowlcenter.org/mythsandfaq.html

Diakite, P. (2019, July 31). *Here are the most popular tribes in Africa.* Travel Noire. https://travelnoire.com/here-are-the-most-popular-tribes-in-africa

Dickerson, K. (2015, June 3). *Mount Everest isn't the Earth's tallest mountain.* Business Insider. https://www.businessinsider.com/earths-tallest-mountain-is-hawaii-2015-6

Dobrijevic, D. (2022, January 21). *How Hot Is the Sun?* Space.com. https://www.space.com/17137-how-hot-is-the-sun.html

Dotson, J.D. (2018, November 14). *Definition of tectonic plates for kids.* Sciencing. https://sciencing.com/definition-tectonic-plates-kids-8509085.html

Dousdebes, F. (2016, August 29). *20 fun facts about the Galapagos Islands.* Metropolitan Touring. https://www.metropolitan-touring.com/facts-galapagos/

Do volcanoes occur in the ocean? (2021, February 26). NOAA. https://oceanservice.noaa.gov/facts/volcanoes.html

Dubey, N. (2021, January 10). *When Steve Jobs unleashed the iPhone: 10 amazing facts from the 2007 launch.* The Indian Express. https://indianexpress.com/article/technology/mobile-tabs/when-steve-jobs-unleashed-the-iphone-10-amazing-facts-from-the-2007-launch-7140916/

Ducksters. (2022). *Physics for kids: Nuclear energy and fission.* Ducksters. https://www.ducksters.com/science/physics/nuclear_energy_and_fission.php

Duncan, E. & Dally, T. (2021, September 23). *As autumn approaches here's why we see more spiders in our houses and why wasps are desperate for sugar.* The Conversation. https://theconversation.com/as-autumn-approaches-heres-why-we-see-more-spiders-in-our-houses-and-why-wasps-are-desperate-for-sugar-167593

Eatner, J. (2014). *Obelus.* A Maths Dictionary for Kids. http://www.amathsdictionaryforkids.com/qr/o/obelus.html

Echarri, M. (2021, March 15). *Were the Vikings fashion trendsetters of the Medieval age?* EL PAÍS English Edition. https://english.elpais.com/usa/2021-03-15/were-the-vikings-fashion-trendsetters-of-the-medieval-age.html

The Editors of the Encyclopedia Britannica. (n.d.). *Black death key facts.* Britannica. https://www.britannica.com/summary/Black-Death-Key-Facts

The Editors of Encyclopedia Britannica. (2018b). *Black Death | Causes, Facts, and Consequences.* Britannica. https://www.britannica.com/event/Black-Death

The Editors of Encyclopedia Britannica. (2022, March 25). *Great Barrier Reef | Geography, Ecology, Threats, & Facts.* Britannica. https://www.britannica.com/place/Great-Barrier-Reef

The Editors of Encyclopaedia Britannica. (2019). *Roman Numeral | Chart & Facts.* Britannica. https://www.britannica.com/topic/Roman-numeral

Egypt Today Staff. (2020, September 27). *How did Champollion decipher the hieroglyphs on the Rosetta Stone?* Egypt Today. https://www.egypttoday.com/Article/4/92430/How-did-Champollion-decipher-the-hieroglyphs-on-the-Rosetta-Stone

85% of plant life is found in the ocean. (2018, June 10). Did You Know Stuff. http://didyouknowstuff.com/85-of-plant-life-is-found-in-the-ocean

Erickson, K. (2022, June 22). *How long is one day on other planets?* NASA Science Space Place. https://spaceplace.nasa.gov/days/en/

Eveleth, R. (2013, May 17). *Two-thirds of the world still hates lefties.* Smithsonian Magazine. https://www.smithsonianmag.com/smart-news/two-thirds-of-the-world-still-hates-lefties-64727388/

Fantasmagorie, the world's first fully animated cartoon, was released on Aug 17, 1908: Watch it here. (2017, August 18). India Today. https://www.indiatoday.in/education-today/gk-current-affairs/story/fantasmagorie-first-animated-film-1030219-2017-08-18

15 facts about the human body! (n.d.). National Geographic Kids. https://www.natgeokids.co.uk/discover/science/general-science/15-facts-about-the-human-body/

15 things you didn't know about Dr. Livingstone. (2014, October 26). Sun International. https://www.suninternational.com/stories/travel/15-things-you-didnt-know-about-dr-Livingstone/

Facts & figures. (2022). The Empire State Building. https://www.esbnyc.com/about/facts-figures

Ferocious Media. (2019, August 13). *Why left-handed athletes have the upper hand in one-on-one sports.* Orthopaedic Specialty Group, P.C. https://www.osgpc.com/left-handed-athletes-in-sports/

Finch, R. (2022, January 14). *How many noses does a slug have?* Pests Banned. https://www.pestsbanned.com/snails/how-many-noses-does-a-slug-have/

Finley, K. (2016, April 27). *Hey, Nokia isn't just a company that used to make phones.* Wired. https://www.wired.com/2016/04/hey-nokia-isnt-just-company-used-make-phones/

Fire whirl. (n.d.). SKYbrary. https://skybrary.aero/articles/fire-whirl

The first circumnavigation of the globe. (2020, February 26). Library of Congress.

https://www.loc.gov/rr/hispanic/portam/first.html

Fischer, S. (2012, November 14). *What lives in your belly button? Study finds "rain forest" of species*. National Geographic. https://www.nationalgeographic.com/science/article/121114-belly-button-bacteria-science-health-dunn

Fodor's Editor. (2010, October 27). *10 things to know when visiting Greece*. Fodor's Travel Guide. https://www.fodors.com/news/customs-and-eti-5-4139

Fourtané, S. (2018, September 18). *Galapagos islands: Muse of Darwin's theory of evolution*. Interesting Engineering. https://interestingengineering.com/galapagos-islands-muse-of-darwins-theory-of-evolution

Frietmuseum. (n.d.). Friet Museum. http://frietmuseum.be/en/home-en/

Frost, N. (2017, August 11). *Did mooncakes help the Chinese overthrow the Mongols?* Atlas Obscura. https://www.atlasobscura.com/articles/mooncakes-china-mongols-manchu-metaphor-uprising

Gallo, N. (2021, October 29). *10 fun facts about Antarctica*. Aurora Expeditions. https://www.aurora-expeditions.com/blog/10-fun-facts-about-antarctica/

George, A. (2018, April 11). *The sad, sad story of Laika, the space dog, and her one-way trip into orbit*. Smithsonian Magazine. https://www.smithsonianmag.com/smithsonian-institution/sad-story-laika-space-dog-and-her-one-way-trip-orbit-1-180968728/

Giddens, S. (2020, October 13). *Flatulence: Everything you wanted to know about farting*. Houston Methodist. https://www.houstonmethodist.org/blog/articles/2020/oct/flatulence-everything-you-wanted-to-know-about-farting/

Glass, A. (2007, October 30). *Rosa Parks mourned at Capitol, Oct. 30, 2005*. Politico. https://www.politico.com/story/2017/10/30/rosa-parks-honored-at-us-capitol-oct-30-2005-244294

Goodwins, R. (2006, November 17). *Muscle means "little mouse" in Latin...* ZDNet. https://www.zdnet.com/article/muscle-means-little-mouse-in-latin/

Grabianowski, E. (n.d.). *How many skin cells do you shed every day?* HowStuffWorks. https://health.howstuffworks.com/skin-care/information/anatomy/shed-skin-cells.htm

The Greek gods: Full list and background. (2020, October 31). Greek Travel Tellers. https://greektraveltellers.com/blog/the-greek-gods

Griffin, E.C., Dorst, J.P. & Minkel, C.W. (n.d.). *South America*. Britannica. https://www.britannica.com/place/South-America

Griffiths, J. (2022, February 15). *How long is the Great Wall of China and why was it built?* The Sun. https://www.thesun.co.uk/travel/2711342/great-wall-china/

Guajardo, M, Meister, C., Bunning, M., Warren, L., & Dekevich, C. (n.d.). *Strawberries*. Food Source Information. https://fsi.colostate.edu/strawberries/

Guess which country has built the world's tallest man-made waterfall? (2018, August 1). South China Morning Post. https://www.scmp.com/magazines/style/news-trends/article/2157574/guess-which-country-has-built-worlds-tallest-man-made

Harper, W.L. (2012, May). *Isaac Newton's scientific method: turning data into evidence about gravity and cosmology*. University Press Scholarship Online. https://oxford.universitypressscholarship.com/view/10.1093/acprof:oso/9780199570409.001.0001/acprof-9780199570409

Hayes, D. (2017, May 31). *Average U.S. household now has 7 screens, report finds*. Fierce Video. https://www.fiercevideo.com/cable/average-u-s-household-now-has-seven-screens-reportlinker-finds

Hickey, W. (2012, July 22). *20 mathematicians who changed the world*. Business Insider. https://www.businessinsider.com/important-mathematicians-modern-world-2012-7#james-maxwell-the-first-color-photographer-2

History of key—who invented keys? (2022). History of Keys. http://www.historyofkeys.com/keys-history/history-of-keys/

History.com Editors. (2021, October 12). *Rosie the Riveter*. History. https://www.history.com/topics/world-war-ii/rosie-the-riveter

History.com Editors. (2021, November 30). *Ford's assembly line starts rolling*. History. https://www.history.com/this-day-in-history/fords-assembly-line-starts-rolling

History of the UN. (2015). United Nations. https://www.un.org/un70/en/content/history/index.html

Hofmeyr, A. (2018, December 30). *African culture, tribes & traditions (and our top pick of cultural tours in Africa)*. African Budget Safaris. https://www.africanbudgetsafaris.com/blog/african-tribes-african-culture-and-african-traditions/

Holi. (n.d.). Society for the Confluence of Festivals in India. https://www.holifestival.org

Holi 2021 date and time: Why two different Holi dates in India. (2021, March 18). India Today. https://www.indiatoday.in/information/story/holi-2021-date-and-time-why-two-different-holi-dates-in-india-1780777-2021-03-18

Hot spots. (n.d.). National Geographic Society. https://www.nationalgeographic.org/encyclopedia/hot-spots/

Hottest countries in the world 2022. (n.d.). World Population Review. https://worldpopulationreview.com/country-rankings/hottest-countries-in-the-world

How big is the magma chamber under Yellowstone? (n.d.). US Geological Survey. https://www.usgs.gov/faqs/how-big-magma-chamber-under-yellowstone

How does an underwater volcano form? (n.d.). Deutsche Welle. https://www.dw.com/en/how-does-an-underwater-volcano-form/a-60453856

How fast can neurons transmit through your body for the nervous system to function? (n.d.). UCSB ScienceLine. http://scienceline.ucsb.edu/getkey.php?key=5607

How hot is lightning? (n.d.). National Weather Service. https://www.weather.gov/safety/lightning-temperature

How many satellites are there in space? (2022, February 22). Surveying Group News. https://surveyinggroup.com/how-many-satellites-are-there-in-space-2022/

Howard, B. C. (2014, January 30). *Stunning Electric-Blue Flames Erupt From Volcanoes*. National Geographic. https://www.nationalgeographic.com/science/

article/140130-kawah-ijen-blue-flame-volcanoes-sulfur-indonesia-pictures

The human brain. (2022, June 24). Rehabilitation Info Portal. http://www.rehabchicago.org/the-human-brain/

Human body trivia. (n.d.). Fizzics Education. https://www.fizzicseducation.com.au/trivia/science-trivia-on-the-human-body/

Hunt, A. (2020, January 30). *20 intriguing facts about New Zealand that you probably didn't know: illustrated.* Silver Fern Holidays. https://www.silverfernholidays.com/blog/20-intriguing-facts-new-zealand/

Hurst, H.E. & Smith, C.G. (2019). *Nile River.* Britannica. https://www.britannica.com/place/Nile-River

Is a "jiffy" a real unit of measurement? (with picture). (2022, May 18). WiseGEEK. https://www.wisegeek.com/is-a-jiffy-a-real-unit-of-measurement.htm

James, R. (n.d.). *Why can't helicopters land on Mount Everest—Yet?* Pilot Teacher. https://pilotteacher.com/why-cant-helicopters-land-on-mount-everest-yet/

Joe. (n.d.). *How many sheep are in New Zealand.* RaisingSheep.net. https://www.raisingsheep.net/how-many-sheep-are-in-new-zealand

Jozuka, E. (2016, September 22). *Aboriginal Australians are Earth's oldest civilization: DNA study.* CNN. https://edition.cnn.com/2016/09/22/asia/indigenous-australians-earths-oldest-civilization/index.html

J. Robert Oppenheimer. (n.d.). Atomic Heritage Foundation. https://www.atomicheritage.org/profile/j-robert-oppenheimer

July 20, 1969: one giant leap for mankind. (2019, July 20). NASA. https://www.nasa.gov/mission_pages/apollo/apollo11.html

Jung, A., Jones, M., & Taubenfeld, E. (2022, June 13). *30 fun facts about dogs.* Reader's Digest. https://www.rd.com/list/dog-facts-you-didnt-know/

Juraschka, R. (2021, September 23). *101 silly math jokes and puns to make students laugh like crazy.* Prodigy. https://www.prodigygame.com/main-en/blog/math-jokes/

Kaddour, N. (2020, May 20). *African tribal make-up: what's behind the face paint?* Al Arabiya News. https://english.alarabiya.net/life-style/fashion-and-beauty/2016/11/26/African-tribal-make-up-What-s-behind-the-face-paint-

Kangaroos. (2019, January 14). *Australia's beloved kangaroos are now controversial pests.* National Geographic. https://www.nationalgeographic.com/magazine/article/australia-kangaroo-beloved-symbol-becomes-pest

Kelly, R. (2020, January). *Best left-handed athletes of all time.* Stadium Talk. https://www.stadiumtalk.com/s/best-left-handed-athletes-49fb6ddc95a043c3

Kidadl Team. (2022, May 3). *60+ great stem quotes for science-loving kids.* Kidadl. https://kidadl.com/quotes/great-stem-quotes-for-science-loving-kids

Kim, S.E. (2021, December 20). *Cultivating the world's largest, stinkiest flower is no small task.* National Geographic. https://www.nationalgeographic.com/environment/article/cultivating-the-worlds-largest-stinkiest-flower-is-no-small-task

Klein, A. (2021, August 30). *7 strange German superstitions and cultural beliefs.* LearnOutLive. https://learnoutlive.com/german-superstitions-cultural-beliefs/

Klein, C. (n.d.). *10 world engineering marvels.* History. https://www.history.com/news/10-world-engineering-marvels

Kolirin, L. (2022, January 26). *Meet 190-year-old Jonathan, the world's oldest-ever tortoise.* CNN. https://edition.cnn.com/travel/article/oldest-tortoise-jonathan-scli-intl-scn/index.html

Kõljalg, S., Mändar, R., Sõber, T., Rööp, T., & Mändar, R. (2017). *High level bacterial contamination of secondary school students' mobile phones.* National Library of Medicine. https://www.ncbi.nlm.nih.gov/pmc/articles/PMC5466825/

Kronvall, A. (n.d.). *Facts about Greenland.* Nordic Co-operation. https://www.norden.org/en/information/facts-about-greenland

Landslides and mudslides. (2018, January 12). Centers for Disease Control and Prevention. https://www.cdc.gov/disasters/landslides.html

Langley, L. (2016, October 29). *A frog whose babies pop out of its back and more freaky animals.* National Geographic. https://www.nationalgeographic.com/culture/article/animals-halloween-bats-scary-freaky

Lăpușneanu, D. (n.d.). *87 Australian slang terms to help you speak like a true Aussie.* Mondly. https://www.mondly.com/blog/2020/05/14/87-australian-slang-terms-speak-aussie/

Lavrov, I. (2021, July 27). *Mozilla Firefox logo design—history, meaning and evolution.* Turbologo Blog. https://turbologo.com/articles/mozilla-firefox-logo/

Leatherback turtle facts. (2019). World Wildlife Fund. https://www.worldwildlife.org/species/leatherback-turtle

Littlechild, C. (2021, June 10). *The strange underwear requirement baseball umpires have to follow.* Grunge. https://www.grunge.com/433937/the-strange-underwear-requirement-baseball-umpires-have-to-follow/

Lohnes, K. & Sommerville, D. (n.d.). *Battle of Thermopylae.* Britannica. https://www.britannica.com/event/Battle-of-Thermopylae-Greek-history-480-BC

Manfred, T. (2014, June 12). *The real reason Americans call it "soccer" is all England's fault.* Business Insider. https://www.businessinsider.com/why-americans-call-it-soccer-2014-6

Mark, J. J. (2013, November 14). *Alexander the Great.* World History Encyclopedia. https://www.worldhistory.org/Alexander_the_Great/

McLoughlin, C. (n.d.). *Sports trivia questions for kids.* SignUp Genius. https://www.signupgenius.com/sports/kids-trivia-questions.cfm

McMahon, S. (2017, July 13). *The ultimate guide to Olympic snowboarding at PyeongChang 2018.* Onboard Magazine. https://onboardmag.com/news/snowboarding-events/ultimate-guide-olympic-snowboarding-pyeongchang-2018.html#ABzTv8XUZ9z71sHj.97

Migiro, G. (2018, July 19). *The major religions of Asia.* WorldAtlas. https://www.worldatlas.com/articles/the-major-religions-of-asia.html

Mitsopoulou, T. (n.d.). *The color blue for repelling evil.* Greece Travel. https://www.greecetravel.com/archaeology/mitsopoulou/blue.html

Morocco. (n.d.). UNESCO World Heritage Centre.

https://whc.unesco.org/en/statesparties/ma

Murray, B. (n.d.). *Were the Neanderthals smarter than we are?* Fortinberry Murray. https://www.fortinberrymurray.com/todays-research/were-the-neanderthals-smarter-than-we-are

Muzzaffar, M. (2021, July 27). *Watch: Chinese city of Dunhuang swallowed up by gigantic wall of sand.* The Independent. https://www.independent.co.uk/climate-change/china-dunhuang-sandstorm-desert-video-b1891141.html

NAACP. (2016). NAACP. https://naacp.org

Newman, D. (2022, February 12). *20 coldest countries in the world [2022 Coldest Country].* What's Danny Doing? https://www.whatsdannydoing.com/blog/coldest-countries-in-the-world

North America Facts. (2022, May 11). Facts.net. https://facts.net/north-america-facts/

Norway offers tuition-free quality education. (n.d.). University of Bergen. https://www.uib.no/en/education/109728/norway-offers-tuition-free-quality-education

Noses and ears continue to grow as we age. (n.d.). The Dr. Oz Show. https://www.drozshow.com/noses-ears-grow-with-age

Nowak, C. (2018, February 12). *The world's longest place name has 85 letters — see if you can pronounce it.* Business Insider. https://www.businessinsider.com/the-worlds-longest-place-name-has-85-letters-see-if-you-can-pronounce-it-2018-2

Oct 4, 1957 CE: USSR launches Sputnik. (n.d.). National Geographic Society. https://www.nationalgeographic.org/thisday/oct4/ussr-launches-sputnik/

O'Leary, M.B. & Iandoli, E. (2013, May 30). *How the turtle got its shell—clues revealed by fossils.* Elsevier Connect. https://www.elsevier.com/connect/how-the-turtle-got-its-shell-clues-revealed-by-fossils

Orca killer whale vs. great white shark: who wins in a fight? (n.d.). Nature Noon. https://naturenoon.com/orca-killer-whale-vs-great-white-shark/

Our top 10 sporting facts to satisfy your sports trivia appetite. (2016, August 17). Challenge Trophies. https://www.challengetrophies.co.uk/blog/top-10-sporting-facts-sports-trivia/

Patel, P. (2022, April 20). *When and why did we start using math symbols?* Science ABC. https://www.scienceabc.com/pure-sciences/start-using-math-symbols.html

Payne, L. (n.d.). *What animals cannot walk backwards?* Pets on Mom. https://animals.mom.com/animals-cannot-walk-backwards-3794.html

Pele's curse: why you should never take lava rocks from Hawaii. (n.d.). Hawaii Guide. https://www.hawaii-guide.com/why-you-should-never-take-lava-rocks-from-hawaii

'Pinocchio effect' confirmed: when you lie, your nose temperature rises. (2012, December 3). ScienceDaily. https://www.sciencedaily.com/releases/2012/12/121203081834.htm

Plants. (n.d.). British Antarctic Survey. https://www.bas.ac.uk/about/antarctica/wildlife/plants/

Poison dart frog. (n.d.). National Geographic Kids. https://kids.nationalgeographic.com/animals/amphibians/facts/poison-dart-frog

Prostak, S. (2012, August 1). *Study finds shark teeth as hard as ours.* Science News. http://www.sci-news.com/biology/article00499.html

Qin, A. & Chien, A. C. (2022, April 7). *When you hear Beethoven, it's time to take out the trash (and mingle).* The New York Times. https://www.nytimes.com/2022/02/08/world/asia/taiwan-waste-management-beethoven.html

Culture in South America. (n.d.). The South America Specialists. https://www.thesouthamericaspecialists.com/node/471

Kiwi facts. (n.d.). Rainbow Springs Nature Park. https://www.rainbowsprings.co.nz/kiwi-conservation/kiwi-facts/

Top ten awesome facts about frogs. (n.d.). Earth Rangers. https://www.earthrangers.com/top-10/top-ten-awesome-facts-about-frogs/

Rogozinski, D. (2020, November). *7 world history facts that will amaze your kids.* Study.com. https://study.com/blog/7-world-history-facts-that-will-amaze-your-kids.html

Rosa Parks. (2022). NAACP. https://naacp.org/find-resources/history-explained/civil-rights-leaders/rosa-parks

The Rosetta Stone. (n.d.). Khan Academy. https://www.khanacademy.org/humanities/ancient-art-civilizations/egypt-art/x7e914f5b:late-period-ptolemaic-and-roman-periods/a/the-rosetta-stone

Saiidi, U. (2018, February 21). *Australia's banknotes may be the most advanced in the world.* CNBC. https://www.cnbc.com/2018/02/21/australian-banknotes-one-of-the-most-advanced-in-the-world.html

SaltWire Network. (2017, October 2). *Spell numbers until you find the letter A.* SaltWire. https://www.saltwire.com/cape-breton/opinion/spell-numbers-until-you-find-the-letter-a-20263/

The Samburu Tribe of Kenya and East Africa. (2022). Siyabona Africa. https://www.siyabona.com/samburu-tribe-kenya-culture.html

Sengupta, S. (2022, March 8). *Holi 2022: 5 traditional foods to enjoy on Holi.* NDTV Food. https://food.ndtv.com/food-drinks/holi-2019-5-traditional-foods-to-enjoy-on-holi-2001236

Sengupta, T. (2021, November 23). *NASA posts pic of a blue sunset on the Red Planet. Seen viral share yet?* Hindustan Times. https://www.hindustantimes.com/trending/nasa-posts-pic-of-a-blue-sunset-on-the-red-planet-seen-viral-share-yet-101637655239320.html

7 other reasons to visit Africa. (n.d.). World Expeditions. https://worldexpeditions.com/Blog/reasons-to-visit-africa

Short history of sundials. (2019, April 27). European Association for Astronomy Education. https://eaae-astronomy.org/find-a-sundial/short-history-of-sundials

Shvili, J. (2021, March 11). *How many countries are there in Asia?* WorldAtlas. https://www.worldatlas.com/articles/how-many-countries-are-in-asia.html

Silly trivia. (2015). Signal Station Pizza. http://www.signalstationpizza.com/trivia.html

Sissons, C. (2020, June 7). *How much blood is in the human body?.* Medical News Today. https://www.medicalnewstoday.com/articles/321122

Small, M. F. (2007, July 6). *Mummy reveals Egyptian*

queen was fat, balding and bearded.
Live Science. https://www.livescience.
com/7336-mummy-reveals-egyptian-
queen-fat-balding-bearded.html

*Smarter than you think: Renowned canine researcher
puts dogs' intelligence on par with
2-year-old human.* (2009). American
Psychological Association. https://
www.apa.org/news/press/
releases/2009/08/dogs-think

Songkran festival: Everything you need to know.
(2015, December 9). Hostelworld Blog.
https://www.hostelworld.com/blog/
songkran-everything-you-need-to-
know/

South America map. (n.d.). InfoPlease. https://www.
infoplease.com/atlas/south-america

Spector, D. (2019, July 25). *Why extreme heat turns
train tracks into spaghetti.* Business
Insider. https://www.businessinsider.
com/why-train-tracks-buckle-in-
extreme-heat-2013-7

Staff Writer. (2020, April 13). *What is the longest
recorded flight of a chicken?* Reference.
com. https://www.reference.com/
pets-animals/longest-recorded-flight-
chicken-5abd0ed8b465850f

The story behind the Mozilla Firefox logo. (2019,
June 14). Free Logo Design.
https://www.freelogodesign.org/
blog/2019/06/14/the-story-behind-
the-mozilla-firefox-logo

Strege, J. (2022, February 3). *How astronaut Alan
Shepard brought golf to space 51 years
ago with his celebrated "Moon shot."*
Golf Digest. https://www.golfdigest.
com/story/alan-sheperd-apollo-14-
moon-shot-50th-anniversary-history

Team Mighty. (2022, May 8). *20 rare and weird facts
about World War 2.* We Are the Mighty.
https://www.wearethemighty.com/
lists/21-rare-and-weird-facts-about-
world-war-2/

Technology and invention. (2022). Britannica
Kids. https://kids.britannica.com/
kids/article/Technology-and-
Invention/353296

10 facts about Ancient Egypt. (n.d.). National
Geographic Kids. https://www.
natgeokids.com/uk/discover/history/
egypt/ten-facts-about-ancient-egypt/

10 interesting facts about the dead sea. (2022, June
14). On the Go Tours Blog. https://www.
onthegotours.com/blog/2019/05/
facts-about-the-dead-sea/

Ten largest American Indian tribes. (2017, February
28). Infoplease. https://www.
infoplease.com/us/society-culture/
race/ten-largest-american-indian-
tribes

The 10 most venomous animals in the world! (2020,
October 30). AZ Animals. https://a-
z-animals.com/blog/the-10-most-
venomous-animals-on-earth/

Top 10 facts about the Mayans! (n.d.). Fun Kids.
https://www.funkidslive.com/learn/
top-10-facts/top-10-facts-about-the-
mayans/

Torgan, C. (2014, March 31). *Humans can identify more
than 1 trillion smells.* National Institutes
of Health. https://www.nih.gov/
news-events/nih-research-matters/
humans-can-identify-more-1-trillion-
smells

The Trajan's markets and Trajan the Roman Emperor.
(2022). Italy Travels. https://www.
museumsrome.com/en/our-blog-
on-rome/the-trajan-s-markets-and-
trajan-the-roman-emperor

20 cool facts about maths. (n.d.). Maths-whizz.
https://www.whizz.com/blog/20-
cool-facts-maths/

Visitthecapitol.gov. (n.d.). https://www.
visitthecapitol.gov/sites/default/
files/images/Podcast/EP9/EP9-
RosaParksReflections-MASTER-
Mixdown.cleanCL2.pdf

Wei-Haas, M. (2018, January 15). *Volcanoes,
explained.* National Geographic.
https://www.nationalgeographic.com/
environment/article/volcanoes

What food do Thai people eat at Songkran? (n.d.).
Meat and Supply Co. https://www.
meatandsupplyco.com/what-food-
do-thai-people-eat-at-songkran/

*What is an earthquake and what causes them to
happen?.* (2013). U.S. Geological Survey.
https://www.usgs.gov/faqs/what-
earthquake-and-what-causes-them-
happen

What is the difference between "magma" and "lava"?
(n.d.). U.S. Geological Survey. https://
www.usgs.gov/faqs/what-difference-
between-magma-and-lava

*What is the highest point on Earth as measured from
Earth's center?* (2022, January 19).
NOAA. https://oceanservice.noaa.gov/
facts/highestpoint.html

*What is the longest putt ever made in golf history,
certified by Guinness?* (2017, April 5).
Golf News Net. https://thegolfnewsnet.
com/golfnewsnetteam/2017/04/05/
longest-putt-ever-made-golf-history-
guinness-world-record-101932/

When were potatoes used as currency? (n.d.). G.
Visser & Sons. https://gvisser.ca/
fun-fact/when-were-potatoes-used-
as-currency

*Why do airplanes avoid flying over Pacific Ocean
and Mt Everest?* (2020, February
10). India Today. https://www.
indiatoday.in/lifestyle/travel/
story/why-do-airplanes-avoid-
flying-over-pacific-ocean-and-mt-
everest-1643604-2020-02-05

Why mosquitoes are the deadliest animal in the world.
(2022). Terminix Triad. https://www.
terminix-triad.com/about/our-blog/
why-mosquitoes-are-deadliest-
animal-world

Wilkinson, F. (2019, January 22). *Want to climb Mount
Everest? Here's what you need to
know.* National Geographic. https://
www.nationalgeographic.com/
adventure/article/climbing-mount-
everest-1

Your guide to the world. (n.d.). Nations Online. Www.
nationsonline.org. https://www.
nationsonline.org/oneworld/africa.htm

*Your mouth produces about one litre of saliva each
day!* (2021, March 7). Croucher Science
Week. https://crouchersceenceweek.
hk/everyday-science/saliva/

www.ingramcontent.com/pod-product-compliance
Lightning Source LLC
Chambersburg PA
CBHW060042030426
42334CB00019B/2443